AF338570

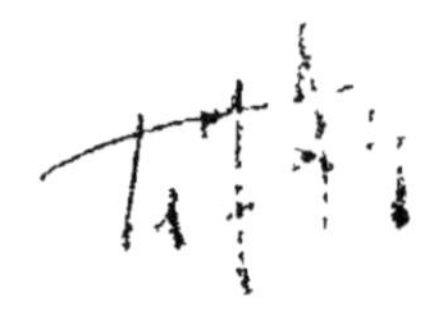

ŒUVRES

DE

SAINT-SIMON & D'ENFANTIN

PRÉCÉDÉES DE DEUX NOTICES HISTORIQUES

XXXVIIᵉ VOLUME

ŒUVRES

DE

SAINT-SIMON

PUBLIÉES PAR LES MEMBRES DU CONSEIL

INSTITUÉ PAR ENFANTIN

POUR L'EXÉCUTION DE SES DERNIÈRES VOLONTES

HUITIÈME VOLUME

PARIS

E. DENTU, ÉDITEUR

LIBRAIRE DE LA SOCIÉTÉ DES GENS DE LETTRE

PALAIS-ROYAL, 17 ET 19, GALERIE D'ORLÉANS

1875

AUX SAINT-SIMONIENS

GARDIENS DE LEUR FOI

AU

NOUVEAU CHRISTIANISME

———

I

Le 31 décembre 1829, Olinde Rodrigues, procédant à l'organisation d'une hiérarchie dans la famille saint-simonienne, s'exprimait ainsi :

« Je commencerai par rappeler que, dans le petit nombre de ceux qui entouraient Saint-Simon à son lit de mort, le seul qui n'eût pas abandonné la mémoire du maître, le seul qui ait poursuivi ses travaux, le seul enfin qui aujourd'hui professe et propage la doctrine en son nom, *c'est moi*. Les autres ont fui, ont renié le maître. C'est donc par moi qu'a été conservée

une sorte de filiation entre Saint-Simon mort et
les disciples que j'ai pu attacher à sa doctrine.
C'est en moi que la tradition était vivante; et
cette circonstance, jointe à la confiance, au dé-
vouement sans bornes dont je me sentais pénétré
pour la parole de Saint-Simon, me fit naturellement reconnaître par ceux que je ralliai à moi,
comme l'héritier et le continuateur du maître;
je m'acquittai de cette haute mission avec toute
l'ardeur, toute la foi possible. Huit jours après la
mort du maître, j'avais organisé le *Producteur*.

« Saint-Simon, avant de mourir, m'avait
dit : « Notre dernier ouvrage (*le Nouveau Christianisme*) sera le dernier compris. On croit
généralement que les hommes ne sont pas
susceptibles de se passionner dans la direction
religieuse, mais c'est une profonde erreur. Le
système catholique était en contradiction avec le
système des sciences et de l'industrie modernes.
par là, sa chute était inévitable. Elle a lieu, et
cette chute est le signal d'une nouvelle croyance
qui va remplir de son enthousiasme le vide que
la critique a laissé dans les âmes ; d'une croyance
qui tirera sa force de tout ce qui manque,
comme de tout ce qui appartient à l'ancienne. »
Cette parole du maître n'est jamais sortie de ma

mémoire, et je n'ai pas cessé de la rappeler à mes coopérateurs en leur répétant ce que m'a encore dit Saint-Simon : « *Toute la doctrine est là...* » Depuis un an, de grands progrès ont été obtenus, et ces progrès ont été préparés par d'autres que par moi. Depuis cette époque, la direction de l'école, l'initiative dans la production et l'élaboration des idées et dans les travaux mêmes de propagation, ont passé de mes mains dans celles d'Enfantin et de Bazard ; en un mot, il est de fait aujourd'hui que, sous le rapport de la conduite de l'école, *ma mission est accomplie.* J'ai pensé qu'à moi, avant tout autre, il appartenait de le reconnaître, et c'est pour vous l'annoncer solennellement que cette réunion a été convoquée. Dès ce jour, je dépose la direction de l'école de Saint-Simon entre les mains d'Enfantin et de Bazard, et, je le déclare du plus profond de mon âme, j'attends de cette nouvelle organisation de l'école les plus importants résultats. »

Bazard, tant en son nom qu'en celui d'Enfantin, absent pour cause de maladie, répondit à ce discours, en déclarant qu'ils attendraient l'un et l'autre avec impatience le jour où ils pourraient imiter Rodrigues, et mettre en leur place un fils devenu plus grand qu'eux *en Saint-Simon.*

Enfantin, revenu bientôt à la santé, confirma cette parole et se chargea de rendre compte des progrès de la doctrine nouvelle, dans Paris, à un de ses disciples qui avait formé un groupe important d'adeptes à Sorèze, Toulouse, etc. Bazard, dès la fin de 1828, avait commencé, dans une salle de la rue Taranne, l'exposition de cette doctrine, et cet enseignement public et hebdomadaire avait attiré de nombreux et sérieux auditeurs. « L'*Organisateur*, écrivait Enfantin à Rességuier qu'il considérait comme l'apôtre du Midi, l'*Organisateur* vous portera peu à peu les résumés de la rue Taranne (notre salle est devenue trop étroite et nous allons être obligés d'en prendre une plus grande). Fournel s'occupe de la révision de tous ces résumés, pour les livrer à l'impression. Barrault vous a sans doute donné quelques détails sur les progrès de la doctrine constatés par le *nombre* et la *qualité* de nos auditeurs. L'École polytechnique donne à force; Borrel et deux de ses camarades, et Transon, vont avoir des réunions régulières pour répéter à des ingénieurs des ponts et des mines les leçons de l'année dernière. Fournel a aussi une petite école d'une douzaine de personnes auxquelles il fait chaque semaine une leçon de deux heures. D'un autre côté, nos dames ont commencé à se réunir et à faire des travaux. »

En 1830, la propagande saint-simonienne prit une rapide extension : aux enseignements et conférences s'ajoutèrent les prédications; puis vinrent les missions en province et à l'étranger, tandis que Pierre Leroux, avec le concours sympathique de Sainte-Beuve, apportait et donnait pour organe principal aux disciples de Saint-Simon une feuille puissamment accréditée dans la presse périodique, LE GLOBE, qui avait été jusque-là considérée comme le *moniteur des doctrinaires*, disciples de Royer-Collard ou de Cousin.

Le succès du *Nouveau Christianisme* se faisait remarquer de jour en jour par quelque conversion importante dans le monde des lettres et des sciences et surtout parmi les élèves les plus distingués de l'École polytechnique. Les trois degrés dont se composait la hiérarchie reçurent un accroissement aussi important que rapide. Le premier degré, appelé le *collége*, se composa d'abord de six membres : Bazard, Enfantin, Olinde Rodrigues, Laurent, Eugène Rodrigues et Margerin. J. Péreire, Fournel, Duveyrier, Michel Chevalier, Barrault, J. Lechevalier, d'Eichthal,

Guéroult, J. Reynaud, Pierre Leroux, etc., vinrent successivement grossir les rangs de l'apostolat. Nous étions tous alors pleins d'une foi vive et d'une grande ardeur apostolique pour répandre, en France et hors de France, la doctrine du classement selon la capacité et de la rémunération selon les œuvres, à l'exclusion de tous priviléges héréditaires, et nous donnions un caractère *religieux* à cette doctrine en la fondant, en l'appuyant, sur l'alliance d'un sentiment inné dans l'homme avec sa raison progressive, c'est-à-dire sur la croyance en celui *qui est tout ce qui est, qui vit et se sent vivre dans tout ce qui est; qui est* infini *dans sa* conscience *comme dans son* essence.

Les succès de cette propagande, en face du vieux dogmatisme expirant et du criticisme régnant, condamné à la stérilité, devinrent si prompts et si éclatants que nous pûmes dire devant un public nombreux, dans la capitale du monde civilisé, et répéter ensuite dans les principales villes de France et de Belgique, que nous étions *les hommes de l'avenir.*

Et quand nous eûmes la hardiesse de prendre ce titre, nous nous appliquâmes en même temps à mettre en relief notre droit à le porter, en

opposant, à l'affaiblissement manifeste et crois-
sant des vieilles croyances comme à l'invasion
progressive et à la stérilité désespérante du
scepticisme, notre foi vive et profonde aux vérités sociales et religieuses annoncées par Saint-
Simon dans le *Nouveau Christianisme*.

II

Il y a plus de quarante ans que nous pro-
clamions ainsi, en dépit des railleurs, la stérilité politique de tous les partis militants. Eh bien,
après ce demi-siècle de luttes incessantes et
trop souvent terribles; après ce demi-siècle
marqué par le quadruple renversement des
Bourbons de la branche aînée, des Bourbons
de la branche cadette, de la République et de
l'Empire, où en sont aujourd'hui tous ces
partis?

Ils en sont à manifester, avec plus d'éclat
que jamais, que, tout-puissants pour s'empêcher
réciproquement de rien édifier de durable, ils
sont tous impuissants à fermer l'abîme des révolutions autrement qu'en vaines paroles. Toutes

les monarchies héréditaires qu'on a mises à l'essai n'ont pas pu être seulement viagères : Napoléon 1er, Charles X, Louis-Philippe et Napoléon III ont été détrônés et sont morts proscrits sur la terre étrangère. Quant à la République, si elle a plus de chances, plus de garanties de stabilité que ne peuvent s'en promettre les dynasties, jeunes ou vieilles, c'est que, selon la remarque d'un de ses plus illustres et plus redoutables adversaires de 1848, aujourd'hui pleinement réconcilié, M. Thiers, elle est *la forme de Gouvernement qui à cette heure nous divise le moins.* Ajoutons que, si par sa forme la République est sans contredit plus favorable que les monarchies ses rivales à l'accomplissement graduel d'une réconciliation des partis qui devient de plus en plus indispensable pour reconstituer l'unité nationale, elle porte aussi au fond et garde plus sûrement qu'aucun royalisme le dépôt des conquêtes de 89 sans lesquelles la France nouvelle ne saurait remplir désormais ses destinées. N'oublions pas non plus que, si les grands principes de la Révolution française, tels que les proclamèrent les philosophes et les tribuns du xviiie siècle, ne peuvent pas, avec leur nature, purement critique et politique, suffire à l'ordre social de l'avenir, faute de donner satisfaction à un sentiment indélébile dans le cœur dé l'homme, le sentiment religieux, il n'en est pas moins vrai que ces principes, malgré leur insuffisance sociale, loin de contrarier, confirment les maximes fondamentales du *Nouveau Christianisme*, le classement selon la capacité, la rétribution selon les œuvres, et l'obligation pour la puissance publique de travailler activement à l'amélioration morale, intellectuelle et matérielle de la société et surtout de la classe la plus nombreuse et la plus pauvre.

Oui, le régime républicain, cessant d'être le triomphe d'un parti pour devenir l'expression de la volonté de tous, refrénant les ambitions particulières pour ne s'occuper que des intérêts généraux, doit être considéré par les saint-simoniens comme un pont jeté sur l'abîme qui sépare le vieux monde du monde nouveau pour faire parvenir plus vite et plus sûrement aux générations futures la doctrine qui doit, selon notre foi, fonder la *vraie liberté* et la *vraie égalité*, en constituant la *vraie autorité* sur *le classement hiérarchique des capacités*, selon les commandements de la VRAIE DIVINITÉ.

Mais nous qui, pénétrés de la vérité et de

la puissance de cette doctrine, avions la hardiesse, au milieu de tous ces partis, de prétendre
à la possession de l'avenir pour notre foi,
qu'avons-nous fait, à travers tant de bouleversements qui justifiaient nos prévisions, et
qu'avons-nous obtenu à l'appui de nos espé-
rances?

La persécution qui vint nous atteindre en
1831, ne fit d'abord que surexciter l'ardeur apostolique des saint-simoniens de tous les degrés.
Mais elle ne se borna pas à nous inventer des
poursuites judiciaires, elle s'efforça avant tout
d'arrêter les progrès du prosélytisme en faisant
fermer toutes nos salles de l'enseignement oral
et des prédications. Il fallait le *mutisme* à la
politique régnante pour arrêter les progrès de
la politique future. Vains efforts d'un passé
mourant contre un avenir prêt à naître! Le
silence forcé ne saurait ralentir longtemps la
marche du génie de l'avancement; tout ce qu'il
peut faire, c'est de tromper une ou deux générations sur la destinée des vérités proscrites.
C'est ainsi que le saint-simonisme, ayant perdu
tous ses moyens de publicité par la parole et
par la presse, et n'étant plus soutenu, après
la division et la dispersion de ses chefs, par

la puissance d'affinité et de propagation que lui avait donnée, pendant quelques années, son organisation hiérarchique ; c'est ainsi que le saint-simonisme a pu passer pour mort dans un monde préoccupé avant tout et presque exclusivement de la vieille querelle du dogmatisme de l'ancien régime et des principes révolutionnaires.

Enfin, le moment est venu, pour ceux qui ont gardé fermement leur foi au *Nouveau Christianisme*, de donner signe de vie et d'attester hautement que le silence imposé à leurs organes apostoliques n'était pas celui de la mort. Mais ces croyants fidèles peuvent-ils reprendre fructueusement la parole et poursuivre le cours de leur enseignement, s'ils vivent isolés les uns des autres et sans lien hiérarchique, pour professer et propager leur foi ? J'invoque, sur cette question suprême, j'invoque l'autorité même de celui qui prononça la dissolution provisoire de l'organisation primitive de l'apostolat saint-simonien. Voici les paroles consignées par Enfantin dans ses dispositions testamentaires :

« J'attache une très-grande importance à la création d'une société de propagande de notre foi au moment où j'aurai accompli ma mission présente. J'engage donc tous

nos amis, CEUX SURTOUT QUI M'ONT REPOUSSÉ, DÉ-
LAISSÉ DANS LES DERNIÈRES PHASES DE MA VIE D'INI-
TIATIVE, MAIS QUI POURTANT CONFESSENT TOUJOURS
LEUR FOI DANS SAINT-SIMON ; je les engage à concourir
de tous leurs efforts à fonder et à développer cette œuvre
dont je ne dépose ici que le germe, en présence de Dieu
et en face de la mort. »

Qu'attendrions-nous donc, nous qui sommes
si heureux et fiers *d'avoir gardé et de professer
toujours notre foi en Saint-Simon*, qu'attendrions-nous pour réaliser les derniers vœux, pour
exécuter les dernières volontés de celui qui fut
notre MAITRE ? Souvenons-nous de l'engagement
solennel que prit pour nous tous, sur sa tombe,
notre ami Arlès, son légataire universel, quand
il s'écria :

« Les dernières volontés du PÈRE seront ac-
complies ; *nous nous efforcerons tous de faire
revivre* NOTRE GRAND MORT, *comme il nous l'a demandé dans ses* RECOMMANDATIONS SUPRÊMES. »

L'heure a donc sonné pour la fondation tant
désirée par Enfantin, pour la réalisation de l'œuvre à laquelle il pressait tous les saint-simoniens
de concourir, même ceux qui s'étaient séparés de
lui, *s'ils ne s'étaient pas séparés de leur foi en
Saint-Simon.*

Que ceux-là donc qui sortirent de la hiérarchie saint-simonienne sans cesser d'être saint-simoniens, sans abjurer leur conversion au *Nouveau Christianisme,* sans renier le Dieu *qui vit et se sent vivre dans tout ce qui est,* sans rien perdre de leur profond attachement à la doctrine qui consacre : 1° *l'égalité de l'homme et de la femme:* 2° *la sainteté de la loi du mariage, proclamée par le christianisme et rconnue comme inviolable, en* 1830, *par Bazard-Enfantin, dans une déclaration solennelle adressée au président de la Chambre des députés;* 3° *l'abolition des priviléges de la naissance, le classement selon la capacité et la rémunération selon les œuvres ;* que ceux-là témoignent de leur persévérance dans la voie religieuse et démocratique qu'ils embrassèrent avec enthousiame dans leur jeunesse, en s'empressant de concourir à organiser la société de propagande, a reprendre le cours des enseignements par la parole et par la presse.

C'est un devoir social, une obligation sacrée que nous avons à remplir. S'il n'est que trop vrai que l'anarchie des esprits et des intérêts est à son comble, que la superstition et l'athéisme se disputent l'empire des consciences et menacent incessamment ou frappent cruellement les nations chrétiennes du fléau des guerres civiles ; s'il n'est que trop vrai que les partis militants en France sont réduits chaque jour à manifester plus ou moins leur impuissance à fermer sérieusement l'abîme des révolutions, et à fonder un ordre durable, comme nous le leur avons prédit, il y a plus de quarante ans, nous avons autre chose à faire que de nous applaudir de voir nos prévisions réalisées. Ce qui nous importe, c'est de répandre et de faire accepter et fructifier le plus possible les affirmations fécondes que nous opposâmes, sous la bannière de Saint-Simon, aux négations stériles du scepticisme régnant et aux traditions superstitieuses du dogmatisme déchu

III

Après le demi-siècle de silence que l'enseignement oral et la propagation régulière du nouveau christianisme ont subi, nous ne saurions trop nous attacher à mettre en lumière, pour les nouvelles générations, les *signes des temps* qui annonçaient, au sortir de la Révolution française, et qui attestent avec plus d'éclat que jamais, l'ap-

proche et la nécessité d'une grande rénovation
dans l'ordre religieux.

Qui pourrait dire que notre état moral et
politique s'est amélioré sans recours à aucune
croyance nouvelle, par le simple jeu et le
triomphe alternatif des passions révolutionnaires
ou réactionnaires, depuis que de Maistre écrivait, dans ses *Considérations sur la France* :

« Lorsque je considère l'affaiblissement géné-
néral des principes moraux, la divergence des
opinions, l'ébranlement des souverainetés qui
manquent de base, l'immensité de nos besoins
et l'inanité de nos moyens, il me semble que
tout vrai philosophe doit opter entre ces deux
hypothèses, ou qu'il va se former une nouvelle
religion, ou que le christianisme sera rajeuni de
quelque manière extraordinaire... Cette conjec-
ture ne sera repoussée dédaigneusement que par
ces hommes à courte vue qui ne croient possible
que ce qu'ils voient. Pline, comme il est prouvé
par sa fameuse lettre, n'avait pas la moindre idée
du géant dont il ne voyait que l'enfance. »

De Maistre traçait ce tableau, sous le Directoire, en 1796. Trois quarts de siècle se sont
écoulés depuis, pendant lesquels se sont accom-
plis douze révolutions ou coups d'État : 1º le

18 fructidor ; 2° le 18 brumaire ; 3° le renversement de la République et l'établissement de l'Empire ; 4° la chute de Napoléon et le retour des Bourbons, en 1814 ; 5° le retour de Napoléon et l'expulsion des Bourbons, en mars 1815 ; 6° la seconde abdication de Napoléon et le second retour des Bourbons, en juin et juillet 1815 ; 7° le renversement et l'exil de Charles X, en 1830 ; 8° la chute et l'exil de Louis-Philippe, en 1848 ; 9° le coup d'État du 2 décembre 1851 ; 10° le rétablissement de l'Empire, en 1852 ; 11° la chute de Napoléon III, en 1870 et le gouvernement de la Défense nationale ; 12° la République sous MM. Thiers et Mac Mahon, de 1871 à 1875.

Eh bien, qui pourrait dire, nous le répétons, qu'à travers ces bouleversements incessants et en sens contraire, l'affaiblissement *des principes moraux* a disparu, que *la divergence des opinions* a cessé, que *les souverainetés ne sont plus ébranlées et ne manquent plus de base*, et qu'il n'est plus besoin de recourir à une *rénovation religieuse*, comme le pensait de Maistre, pour rétablir l'ordre social ?

Et de Maistre n'a pas été le seul, parmi les plus illustres champions du catholicisme et des institutions du moyen âge, qui ait fait entendre une voix plaintive sur la décadence de la foi, et qui ait proclamé la nécessité d'une évolution religieuse pour préserver le monde des excès de l'athéisme et de l'anarchie. Sous le gouvernement qui remplaça le Directoire, Châteaubriand, venant de visiter la caverne des apôtres, écrivait ces lignes remarquables :

« Tandis que le monde entier adorait, à la face du soleil, mille divinités honteuses, douze pêcheurs, cachés dans les entrailles de la terre, dressaient la profession de foi du genre humain et reconnaissaient l'unité du Dieu créateur de ces astres, à la lumière desquels on n'osait encore proclamer son existence. Si quelque Romain de la cour d'Auguste, passant auprès de ce souterrain, eût aperçu les douze Juifs qui composaient cette œuvre sublime, quel mépris il eût témoigné pour cette troupe superstitieuse ! Avec quel dédain il eût parlé de ces premiers fidèles ! Et pourtant, ils allaient renverser les temples de ce Romain, détruire la Religion de ses pères, changer les lois, la politique, la morale, la raison et jusqu'aux pensées des hommes ! Ne désespérons donc jamais du salut des peuples. Les chrétiens gémissent aujourd'hui sur la *tiédeur de la foi;*

qui sait si Dieu n'a pas planté dans une aire in-
connue le grain de sénevé qui doit multiplier
dans les champs? Peut-être cet espoir de salut
est-il sous nos yeux, sans que nous nous y arrê-
tions ; peut-être nous paraît-il aussi absurde que
ridicule? » (*Itinéraire.*)

Vingt ans plus tard, Châteaubriand, ayant
entendu parler du saint-simonisme, s'amusa à
dire dans une feuille publique, que *les auda-
cieuses nouveautés dont les uns se moquaient et
les autres s'effrayaient, n'étaient que des fripe-
ries antiques, appendues depuis vingt siècles
dans les écoles de la Grèce.*

Nous répondîmes, dans le *Globe*, à cette bou-
tade du grand écrivain, en lui rappelant le passage de son *Itinéraire* que nous venons de citer,
et nous ajoutâmes :

« Venez donc, vous qui avez si bien prophé-
tisé votre propre aveuglement, venez reconnaître
le champ où le grain de sénevé a germé et fructi-
fié ; venez entendre les hommes qui ont le courage de réaliser ce que vous eûtes la hardiesse de
pressentir ; venez voir de près ces guenilles
qui, de loin, ne vous inspirent que du mépris, et
nous osons vous promettre, nous qui ne sommes
que d'hier, à vous colosse de renommée, à vous,

vétéran de la gloire, nous osons vous promettre
de faire briller une lumière nouvelle devant
des yeux qui croient avoir tout vu, et de vous
préserver à l'avenir du danger de rejeter
comme de sâles oripaux ce qui peut et doit,
selon nous, devenir la robe virile de l'humanité. »

Châteaubriand était trop haut placé dans le
vieux monde pour ne pas prendre au sérieux,
à l'égard du saint-simonisme, le rôle dédaigneux
qu'il avait prêté, par simple hypothèse, au *Romain de la cour d'Auguste passant devant la
caverne des apôtres*; et, comme nous l'avons
déjà rappelé, des événements imprévus, des
persécutions officielles et des luttes intestines,
étaient venus encourager les mécréants dans
leurs dédains et leurs railleries pour la nouvelle
doctrine, jusqu'à la faire considérer comme
morte et condamnée à un éternel oubli. De
hautes intelligences et des esprits supérieurs ont,
depuis Châteaubriand, commis assez souvent,
en effet, cette méprise, et nous avons dû recourir parfois à la publicité des journaux pour pro-
tester contre cette sépulture anticipée. « Ceux,
disions-nous, qui ont eu la hardiesse de se proclamer les *hommes de l'avenir*, il y a quarante

ans, et qui, loin d'avoir rencontré devant eux,
pendant cette longue expérience, des concur-
rents dignes de revendiquer et de justifier ce
titre, n'ont trouvé dans les agitations stériles des
écoles, des églises, des parlements et des chan-
celleries du vieux monde, que des raisons de per-
sévérer dans leurs prétentions, ceux-là, disions-
nous, ont bien quelque droit de ne pas se laisser
enterrer vivants et muets avec leurs croyances,
quand ils sentent ces jeunes croyances plus vi-
vaces que jamais en eux-mêmes, en dépit des
glaces de l'âge et malgré le voisinage insa-
lubre d'un dogmatisme agonisant et d'un scepticisme contagieux. »

Et tandis que nous adressions notre certificat
de vie à un penseur justement renommé qui nous
avait crus morts, nous étions appliqués à constater notre existence par des actes de persévérance saint-simonienne, par la publication des
lettres inédites d'Enfantin et la réimpression des
œuvres de Saint-Simon.

IV

Mais tous ces témoignages de persistance individuelle dans notre foi au *nouveau christianisme*
se produisaient sans éclat et sans écho ; et la survi-
vance du saint-simonisme à la dissolution de son
organisation primitive et à la dispersion totale de
son corps apostolique resta et reste encore pro-
blématique pour la généralité des contemporains
mêlés aux luttes politiques et religieuses de notre
époque. N'avons-nous pas entendu naguère un
honorable défenseur de la liberté des cultes, ré-
clamer cette liberté, à la tribune nationale, pour
toutes les religions, en s'écriant : *même pour les*
saint-simoniens, s'il en existe encore !

Ce cri a dû retentir comme un avertissement
dans tous les cœurs où le saint-simonisme, condamné à la solitude et au silence, a conservé
néanmoins ses racines intactes et toujours fécondes. Oui, nous risquons de continuer à passer
pour morts ou pour mourants tant que nous ne
serons pour le public que des individus isolés,
privés de tout lien social, sans direction et sans

assistance collective, tant que nous n'aurons pas ce que nous a demandé Enfantin, au lit de mort, une *société de propagande* pour reconstituer l'apostolat et préparer la formation d'une primitive église pour le *nouveau christianisme*.

Est-ce à dire qu'il s'agit aujourd'hui de reprendre la forme hiérarchique de 1830, laquelle nous fit accuser alors par les journaux démocratiques et nous a fait reprocher par les notabilités du libéralisme *de nous être oubliés dans le sentiment d'une immense tâche, au point d'abdiquer à la fois la personnalité dont le sacrifice est toujours beau*, ET LA LIBERTÉ DONT L'ABANDON N'EST JAMAIS PERMIS? Non, cette forme n'a plus pour nous sa raison d'être. Nous avons déjà répondu au reproche des libéraux que la discipline pratiquée, à l'ouverture des enseignements et des prédications, ne fut considérée par les maîtres et par les disciples (la déclaration d'Enfantin à son entrée en prison l'atteste) que comme une nécessité transitoire, pour imprimer un mouvement plus énergique et plus rapide à l'apostolat, et non point comme une application logique des principes du saint-simonisme, lesquels étaient essentiellement libéraux et démocratiques en même temps que conciliables avec le principe d'autorité. Pour la *société de propagande* donc comme pour la constitution de l'église, quand son heure sera venue, il importera de faire l'application des maximes fondamentales du saint-simonisme (le classement selon la capacité et la rémunération selon les œuvres), de manière à ce que l'initiative du supérieur s'exerce sans mélange de coercition pour déterminer l'acquiescement et le concours de l'inférieur. En d'autres termes, il faudra que la supériorité, pour fonctionner utilement soit spontanément reconnue et formellement acceptée par ceux qu'elle devra éclairer et conduire.

Mais n'anticipons pas ; il s'agit seulement en ce moment de fonder la *société de propagande* en se soumettant aux lois qui régissent les associations de cette nature. La reprise de l'enseignement oral dans des conférences et par des publications périodiques sera sans doute le premier acte qui s'offrira comme urgent à la sollicitude de cette société.

Par cette réapparition, le saint-simonisme fera plus que démentir les libres penseurs qui l'ont cru mort, il réfutera des adversaires d'une toute autre école qui l'ont dénoncé, en le dénaturant, comme trop vivace et trop actif.

En effet, tandis qu'un honorable membre de l'Institut disait le saint-simonisme FINI et croyait parler sur sa tombe, un autre académicien, revêtu d'un caractère sacré, signalait ce prétendu mort comme un fauteur d'athéisme qui envahissait avec une activité alarmante les cours publics, les écoles professionnelles de jeunes filles, la ligue de l'enseignement, les bibliothèques populaires, etc., etc.

Nous avons bien repoussé énergiquement ces appréciations contradictoires du philosophe et du prélat, mais nos réponses, connues seulement dans le monde intime de la famille saint-simonienne, sont restées à peu près inédites pour le public. La nécessité d'une propagande organisée par la parole et par la presse est donc manifeste et pressante.

Viendra bientôt après, il faut l'espérer, l'association religieuse pour la pratique du nouveau christianisme. Si la liberté absolue des cultes n'était pas proclamée, nous ferions valoir nos droits à être reconnus et autorisés comme professant *une religion* fondée sur la théologie des premiers chrétiens, saint Jean, saint Paul, etc.: *une religion* destinée à faire appliquer, de plus en plus, aux sociétés humaines, la justice

divine qui veut que chacun soit classé selon
sa capacité et rémunéré selon ses œuvres;
une religion qui, faisant de l'amour de Dieu et
du prochain la base de la politique, tend à réaliser
l'évolution régénératrice annoncée par les plus
illustres champions de l'Église romaine, tels que
de Maistre et Châteaubriand ; *une religion* enfin,
qui, au bord des abîmes creusés devant nous
par la lutte acharnée de partis inconciliables,
peut renfermer et renferme, selon nous, la doctrine de sauvetage, sans laquelle, d'après Mon-
talembert, les victoires alternatives de ces partis
doivent rester réciproquement et à jamais
stériles.

« Je m'adresse, disait cet éloquent orateur, au
milieu des troubles de 1848, je m'adresse aux
deux grandes divisions de ce pays, aux conserva-
teurs et aux novateurs, aux propriétaires et aux
prolétaires, et je leur dis à tous deux, aux uns :
« Vous essayerez en vain de défendre ce que je
« veux défendre avec vous, tant que vous n'aurez
« pas une force morale qui vous manque, une
« *doctrine* salutaire à opposer à la doctrine enne-
« mie; » et je dis aux autres : « Quand même vous
« vaincriez, votre victoire serait stérile, mons-
« trueuse, détestable, si, vous aussi, vous n'ap-

« portiez pas à cette société malade une *doctrine*
« qui pourrait la consoler et la guérir morale-
ment. » (*Moniteur* du 19 septembre 1848.)

Qu'on ne s'expose donc pas à renier aveuglé-
ment la *doctrine salutaire* invoquée par Monta-
lembert, à arrêter le *germe du grain de sénevé*
rappelé par Châteaubriand, à contrarier le *rajeu-
nissement du christianisme* dont de Maistre at-
tendait la *réconciliation de la science et de la foi*;
qu'on ne s'expose donc pas à repousser maladroi-
tement l'arche de salut tant désirée par ces derniers Romains du vieux catholicisme, en re-
fusant d'autoriser la libre pratique du *nouveau
christianisme*.

Si les scribes et les pharisiens de nos jours
exerçaient assez d'influence sur les pouvoirs publics pour les amener à prononcer un refus aussi
déraisonnable et aussi injuste, il resterait à nos
consciences violentées le refuge des réunions
privées pour y pratiquer le culte de l'Être infini,
dont nous disons après le grand Apôtre : *Tout est
de lui, tout est par lui, tout est en lui* ; c'est-à-
dire qu'il est le seul et vrai Dieu, dont nous
croyons devoir suivre religieusement les inspi-
rations suprêmes et faire la volonté sur la terre
en recommandant aux hommes de *s'aimer les*

uns les autres, de classer chacun selon sa capa-
cité et de le récompenser selon ses œuvres.

V

Nous savons bien que cette théologie, quoique conforme à la doctrine évangélique des premiers chrétiens, a été repoussée depuis longtemps par les gardiens de la foi de Nicée et qu'elle est encore combattue, à la fois, de nos jours, par les anthropomorphites du protestantisme orthodoxe et par ceux du catholicisme romain.

Un des membres les plus éloquents et les plus illustres du parti conservateur dans l'Eglise réformée, M. Guizot, dans les dernières années de sa vie, a publié ses pensées sur les problèmes religieux que l'instinct, chez l'homme, pose sans cesse à la raison, et qui préoccupent de plus en plus les esprits sérieux et les cœurs honnêtes à mesure qu'ils sentent approcher pour eux-mêmes l'heure de la mystérieuse solution. Dans ces publications, le profond penseur du calvinisme, après avoir reconnu que *l'humanité s'irrite et se désole à l'idée de ne faire qu'entrevoir et voir s'évanouir les bonheurs suprêmes auxquels elle aspire et qu'elle touche en passant, et que l'homme ne se résigne pas à n'être qu'une ombre, une ombre trompée par ses rêves ;* après cette constatation de l'inquiétude des aspirations de l'homme sur son avenir. M. Guizot ajoute : « Il se fait de nos jours une tentative singulièrement inconséquente : en même temps qu'on rejette et qu'on *noie la personnalité de Dieu et l'immortalité de l'homme dans l'océan du panthéisme.* on essaye pourtant de donner quelque satisfaction à cette soif de foi en Dieu et d'avenir pour l'homme qui est inhérente à notre nature. »

Qu'il y ait eu et qu'il y ait encore des gens d'esprit et de talent qui se soient montrés trop faciles à admettre cette contradiction, il s'en faut qu'on puisse s'autoriser de ces cas particuliers pour assimiler en général et d'une manière absolue le panthéisme à l'athéisme, sans distinguer entre le panthéisme purement *matérialiste* et le panthéisme *religieux*, et pour en faire un *océan où s'abîmeraient, sans retour, la personnalité de Dieu et l'immortalité de l'homme.*

Cette distinction est pourtant capitale à établir pour s'édifier sur l'existence de l'abîme où pourraient être submergées la divinité et l'humanité.

Le panthéisme antique, dans ses évolutions, à travers tant de contrées et tant de siècles, resta presque toujours à l'état spéculatif ou critique vis-à-vis des religions positives et des croyances populaires, plus ou moins superstitieuses, et toutes marquées du sceau de l'anthropomorphisme, soit qu'elles fussent fondées sur l'unité divine ou sur la pluralité des dieux. Le panthéiste n'a guère été jusqu'ici, dans la société humaine, qu'un pur philosophe, suspect à tous les sacerdoces et maudit par eux comme le plus redoutable ennemi des divinités régnantes, comme le plus dangereux des athées par conséquent, comme le spéculateur intellectuel le plus rapproché de la réalité divine, comme le philosophe le plus voisin du vrai Dieu.

Que lui manquait-il, en effet, après avoir reconnu l'ÊTRE UN, INFINI ET ÉTERNEL, pour devenir le plus religieux des hommes, pour compléter sa connaissance du lien qui unit substantiellement les *êtres finis* entre eux et qui les rattache essentiellement à L'INFINI ? Il ne lui fallait que répudier les *hypothèses surnaturelles* pour leur substituer LE PLUS NATUREL

DES FAITS, l'attribution à l'ÊTRE INFINI d'une FACULTÉ que nous possédons , nous, *êtres finis*, si petits que nous soyons : LA FACULTÉ DE SE SENTIR VIVRE DANS TOUTES LES PARTIES DE SON EXISTENCE UNIVERSELLE, DANS TOUS LES MEMBRES DE SON CORPS INFINI.

Eh bien, c'est ce complément, ce couronnement religieux d'une philosophie irréfragable que le saint-simonisme a eu la hardiesse d'annoncer et de poursuivre, et dont il espère plus que jamais le prochain accomplissement.

Oui, quelque déplaisir que cela puisse causer aux dévots anthropomorphites de tous les cultes, le panthéisme, tel que nous le professons, tel qu'il nous paraît logique et naturel de l'entendre, tel que l'entendaient les plus saints et les plus profonds penseurs du Christianisme naissant; le panthéisme ainsi compris, loin de *noyer la personnalité de Dieu et l'immortalité de l'homme dans un océan qui ne serait qu'un abîme où l'éternité du néant remplacerait l'éternité de l'être;* le panthéisme, ainsi professé, manifeste au contraire avec éclat la volonté, la CONSCIENCE DIVINE, qu'il montre PARTOUT PRÉSENTE, PARTOUT AGISSANTE, PARTOUT PLEINE D'AMOUR, D'INTELLIGENCE ET DE FORCE, PARTOUT PROTESTANT CONTRE LA MORT ET ATTESTANT LA VIE.

Nous ne pensons pas qu'il se trouve dans aucune autre théologie une affirmation plus expresse, plus formelle de l'existence de Dieu, une reconnaissance plus précise et plus complète du MOI INFINI.

Nous ajouterons à l'appui de notre droit à la liberté des cultes, que le *Nouveau Christianisme*, qui tire de la théologie cette maxime sociale: *Les institutions politiques doivent avoir pour but l'amélioration morale, intellectuelle et matérielle des classes les plus nombreuses et les plus pauvres*, le *Nouveau Christianisme* n'a jamais admis et n'admettra jamais que le progrès *pacifique*, et nous rappelons que c'est de son sein qu'est parti, en 1830, à l'approche du *socialisme révolutionnaire*, ce cri d'alarme et de *recours urgent au préservatif religieux*, PRESSEZ-VOUS, VOILA LES BARBARES !

Confiance donc en l'intelligence, le bon sens et l'équité de la puissance publique, si nous avons à lui soumettre une demande d'autorisation pour mettre en pratique notre pensée religieuse. Seulement, il faut s'occuper tout d'abord de l'œuvre immédiatement nécessaire. « Le temple, disait Eugène Rodrigues, peu de temps avant sa mort, ne tardera pas à succéder à l'école, mais à la condition que les membres de l'école travailleront à élever le temple Il ne leur sera pas permis de se reposer sur d'autres de ce soin. La première pierre a été posée dans le *Nouveau Christianisme*, et depuis, l'œuvre se continue et se continuera jusqu'à la fin des siècles. »

Que la dernière parole du père Enfantin, religieusement recueillie et exécutée, réalise donc le vœu et l'espoir d'Eugène Rodrigues, et que la Société de propagande prépare activement l'ouverture du temple.

VI

Que les saint-simoniens s'attachent donc avec plus d'ardeur et de foi que jamais à faire apparaître le *Nouveau Christianisme*, ainsi que nous l'avons annoncé dans l'avant-propos de notre Collection générale, comme un phare secourable pour éclairer les horizons de l'avenir et pour signaler à toutes les classes, aux bourgeois comme aux prolétaires, les abîmes où mènent également les résistances aveugles du

dogmatisme rétrograde et les impatiences anar-
chiques du scepticisme révolutionnaire. On ne
saurait trop rappeler non plus la remarque fondamentale placée par Enfantin en tête d'une
réimpression du *Nouveau Christianisme* : « Que
l'on comprenne bien, disait-il, que nous ne sommes pas, comme les chrétiens, immobiles avec
leur Bible, comme les mahométans avec leur
Coran, comme les Juifs et les Indiens avec leurs
livres saints, tous prosternés devant une lettre
morte, immuable comme l'éternité ; que nous
sommes, par Saint-Simon, les hommes du progrès, et que si nous reproduisons textuellement
les œuvres de nos maîtres, ce n'est point par un
superstitieux respect pour les perfections de la
parole d'un révélateur. » — « La perfection, disions-nous à la suite de la déclaration du maître,
n'appartient qu'à l'infini, à Dieu. L'humanité
doit se contenter d'être perfectible, et de pouvoir
s'approcher sans cesse du bien absolu, qu'il ne lui
est pas donné d'atteindre.

« La révélation, pour les saint-simoniens, ne
saurait être autre chose que l'inspiration qui, à
chaque époque, fournit au génie de l'homme les
sentiments et les idées au moyen desquels il rem-
plit successivement les conditions attachées, dans

l'ordre universel, au développemeet de la perfectibilité humaine.

« Cette révélation est donc permanente et progressive. De plus, elle n'est pas seulement le résultat de l'inspiration spontanée et particulière des hommes de génie en qui elle se manifeste ; elle participe aussi de l'influence des siècles passés et des progrès antérieurs aussi bien que du mouvement contemporain au milieu duquel elle se produit ; et elle ne se propage et ne se fortifie qu'en se conformant, dans son interprétation et sa pratique, aux lumières et aux besoins des générations qu'elle traverse, qu'en mettant largement à profit le reflet lumineux du monde vivant qu'elle soulève et qu'elle aspire à mener.

« Cette explication est nécessaire pour bien faire comprendre qu'en reproduisant textuellement les œuvres de Saint-Simon et d'Enfantin, nos maîtres, nous ne déclinons pas pour cela la juridiction suprême du temps, et que, loin d'attribuer à leur héritage doctrinal une perfection impossible, ou une valeur prématurée, nous restons, à notre tour, religieusement fidèle à la doctrine du PROGRÈS GRADUEL qu'ils nous ont enseignée.»

Loin de prétendre donc que le *Nouveau Christianisme* ait une origine *surnaturelle* et qu'il soit le produit d'une révélation *miraculeuse*, les saint-simoniens ne se sont dévoués à sa propagation que parce qu'ils ont vu en lui le fruit *naturel* de la perfectibilité humaine, et un lien réel et puissant pour *réconcilier la science avec la foi*, dont le conflit a livré trop souvent le monde moderne, depuis trois siècles, au double fléau des guerres nationales et des guerres civiles.

Mais, dira-t-on, comment se fait-il que cet accord, si manifestement désirable, si évidemment nécessaire, pour arrêter le monde civilisé sur la pente fatale qui l'entraîne dans le courant de l'athéisme, comment se fait-il que la doctrine renfermant ce fil, ce nœud libérateur, après avoir jeté quelque éclat autour d'elle à son apparition, ait pu être considérée comme éteinte sans laisser aucune trace après elle ?

La réponse à cette question se trouve dans le livre de M. Renan sur *les Origines du Christianisme* et aussi dans la fameuse lettre de Pline à Trajan sur les mesures prises contre les premiers chrétiens :

« Il arriva pour le Christianisme ce qui arrive presque toujours pour les choses humaines; il réussit quand il commençait à décliner. »

« Pline, dit de Maistre, n'avait pas la moindre

idée de ce géant, dont il ne voyait que l'enfance.»

Saint-Simon, peu de temps avant sa mort, s'entretenant avec Olinde Rodrigues, prédisait un semblable avenir au *Nouveau Christianisme* : un sommeil passager, suivi d'un réveil perpétuel !

LAURENT (de l'Ardèche),

L'un des amis d'Enfantin designés dans son testament pour accomplir, à défaut d'Arlès, les actes mis à la charge du légataire universel, et délégué, à cette fin, par Arlès lui-même.

CATÉCHISME

DES

INDUSTRIELS

PREMIER CAHIER

CATÉCHISME

DES

INDUSTRIELS

PREMIER CAHIER

D. *Qu'est-ce qu'un industriel ?*

R. Un industriel est un homme qui travaille à produire ou à mettre à la portée des différents membres de la société, un ou plusieurs moyens matériels de satisfaire leurs besoins ou leurs goûts physiques; ainsi, un cultivateur qui sème du blé, qui élève des volailles, des bestiaux, est un industriel; un charron, un maréchal, un serrurier, un menuisier, sont des industriels; un fabricant de souliers, de chapeaux, de toiles, de draps, de cachemires, est également un industriel; un négociant, un roulier, un marin employé sur des vaisseaux marchands, sont des

industriels. Tous ces industriels réunis travaillent à produire et à mettre à la portée de tous
les membres de la société, tous les moyens matériels de satisfaire leurs besoins ou leurs goûts
physiques, et ils forment trois grandes classes
qu'on appelle les cultivateurs, les fabricants et
les négociants.

D. *Quel rang les industriels doivent-ils
occuper dans la société ?*

R. La classe industrielle doit occuper le premier rang, parce qu'elle est la plus importante
de toutes ; parce qu'elle peut se passer de toutes
les autres, et, qu'aucune autre ne peut se passer
d'elle ; parce qu'elle subsiste par ses propres
forces, par ses travaux personnels. Les autres
classes doivent travailler pour elle, parce qu'elles
sont ses créatures, et qu'elle entretient leur existence. En un mot, tout se faisant par l'industrie,
tout doit se faire pour elle.

D. *Quel rang les industriels occupent-ils
dans la société ?*

R. La classe industrielle est constituée par
l'organisation sociale actuelle, la dernière de
toutes. L'ordre social accorde encore plus de
considération et de pouvoir aux travaux secondaires et même au désœuvrement, qu'aux tra-

vaux les plus importants, qu'à ceux de l'utilité la plus directe.

D. *Pourquoi la classe industrielle qui doit occuper le premier rang, se trouve-t-elle placée au dernier? Pourquoi ceux qui, par le fait, sont les premiers, sont-ils classés comme les derniers ?*

R. Nous expliquerons cela dans le courant de ce catéchisme.

D. *Comment les industriels peuvent-ils faire pour passer du rang inférieur où ils sont placés, au rang supérieur qu'ils ont le droit d'occuper ?*

R. Nous dirons dans ce catéchisme la manière dont ils doivent s'y prendre pour opérer cette amélioration dans leur existence sociale.

D. *Quelle est donc la nature du travail que vous entreprenez ? En un mot, quel but vous proposez-vous en faisant ce catéchisme ?*

R. Nous nous proposons d'indiquer aux industriels les moyens d'augmenter le plus possible leur bien-être ; nous nous proposerons de leur faire connaître les moyens généraux qu'ils doivent employer pour accroître leur importance sociale.

D. *De quelle manière vous y prendrez-vous pour atteindre ce but ?*

R. D'une part, nous présenterons aux industriels le tableau de leur véritable situation sociale; nous leur ferons voir qu'elle est tout à fait subalterne, et, par conséquent, très-inférieure à ce qu'elle doit être, puisqu'ils sont la classe la plus capable et la plus utile de la société.

D'une autre part, nous leur tracerons la marche qu'ils doivent suivre pour se placer au premier rang, sous le rapport de la considération et du pouvoir.

D. *Vous prêcherez donc, dans ce catéchisme, l'insurrection et la révolte ? Car les classes qui se trouvent spécialement investies du pouvoir et de la considération, ne sont certainement pas disposées à renoncer aux avantages dont elles jouissent.*

R. Loin de prêcher l'insurrection et la révolte, nous présenterons le seul moyen d'empêcher les actes de violence dont la société pourrait être menacée, et auxquels elle échapperait difficilement si la puissance industrielle continuait à rester passive au milieu des factions qui se disputent le pouvoir.

La tranquillité publique ne saurait être stable tant que les industriels les plus importants ne seront pas chargés de diriger l'administration de la fortune publique.

D. *Expliquez-nous cela, et dites-nous pourquoi la tranquillité publique sera menacée si les industriels les plus importants ne sont point chargés de diriger l'administration de la fortune publique?*

R. La raison en est bien simple : la tendance politique générale de l'immense majorité de la société est d'être gouvernée au meilleur marché possible ; d'être gouvernée le moins possible ; d'être gouvernée par les hommes les plus capables et d'une manière qui assure complétement la tranquillité publique. Or, le seul moyen de satisfaire, sous ces différents rapports, les désirs de la majorité, consiste à charger les industriels les plus importants de diriger la fortune publique ; car les industriels les plus importants sont les plus intéressés au maintien de la tranquillité ; ils sont les plus intéressée à l'économie dans les dépenses publiques ; ils sont aussi les plus intéressés à la limitation de l'arbitraire. Enfin, ils sont, de tous les membres de la société, ceux qui ont fait preuve de la plus grande capacité en administration positive, les succès qu'ils ont obtenus dans leurs entreprises particulières ayant constaté leur capacité dans ce genre.

Dans l'état présent des choses, la tranquillité publique est menacée, par la raison que l'allure du gouvernement se trouve en opposition directe avec les intentions les plus positives de la nation. Ce que la nation désire, principalement, c'est d'être gouvernée au meilleur marché possible, et jamais son gouvernement ne lui a coûté aussi cher; il lui coûte beaucoup plus qu'avant la Révolution. Avant la Révolution. la nation était partagée en trois classes, savoir : les nobles, les bourgeois et les industriels. Les nobles gouvernaient, les bourgeois et les industriels les payaient.

Aujourd'hui, la nation n'est plus partagée qu'en deux classes : les bourgeois, qui ont fait la révolution et qui l'ont dirigée dans leur intérêt, ont anéanti le privilège exclusif des nobles d'exploiter la fortune publique; ils se sont fait admettre dans la classe des gouvernants, de manière que les industriels doivent aujourd'hui payer les nobles et les bourgeois. Avant la Révolution, la nation payait 500 millions de contributions; aujourd'hui elle paye un milliard, et le milliard ne suffit pas ; le gouvernement fait fréquemment des emprunts considérables.

La tranquillité publique sera de plus en plus menacée, parce que les charges iront nécessairement toujours en augmentant. Le seul moyen d'empêcher les insurrections qui pourraient arriver, consiste à charger les industriels les plus importants du soin d'administrer la fortune publique, c'est-à-dire, du soin de faire le budget.

D. Ce que vous venez de dire est très-bon, fort intéressant et de la plus grande importance ; mais cela ne nous instruit pas directement de ce que nous désirons savoir. Le point que nous vous prions d'éclaircir est celui-ci : est-il possible de faire sortir la haute direction des intérêts pécuniaires de la société, des mains des nobles, des militaires, des légistes et des rentiers ; en un mot, des classes qui ne sont pas industrielles, pour la faire passer dans les mains des industriels, sans employer des moyens violents ?

R. Les moyens violents sont bons pour renverser, pour détruire, mais ils ne sont bons que pour .cela. Les moyens pacifiques sont les seuls qui puissent être employés pour édifier, pour construire, en un mot, pour établir des constitutions solides. Or, l'acte d'investir les industriels les plus importants de la direction suprême des intérêts pécuniaires de la nation, est un acte de construction, c'est la disposition politique la plus importante qui puisse être admise; cette disposition servira de base à tout le nouvel édifice social; cette disposition terminera la révolution. elle mettra la nation à l'abri de toute nouvelle secousse. Les industriels les plus importants rempliront gratuitement la fonction de faire le budget, et il en résultera que cette fonction ne sera que faiblement désirée. Les industriels qui feront le budget, se proposeront pour base l'économie dans l'administration des affaires publiques. Ainsi, ils n'accorderont aux fonctionnaires que des traitements modérés. Les places n'étant que médiocrement recherchées, le nombre en sera considérablement diminué, de manière que celui des prétendants diminuera également, et il s'établira nécessairement un ordre dans lequel un grand nombre de places seront exercées gratuitement, parce que les riches oisifs ne trouveront pas d'autre moyen de se procurer de la considération.

Quand on étudie le caractère des industriels et la conduite qu'ils ont tenue pendant la Révolution, on reconnaît qu'ils sont essentiellement pacifiques. Ce ne sont point les industriels qui ont fait la révolution, ce sont les bourgeois, c'est-à-dire, ce sont les militaires qui n'étaient pas nobles, les légistes qui étaient roturiers, les rentiers qui n'étaient pas privilégiés. Encore aujourd'hui, les industriels ne jouent qu'un rôle secondaire dans les partis politiques existants et ils n'ont point d'opinion ni de parti politique qui leur soit propre. Ils portent plus d'intérêt au côté gauche qu'au côté droit, parce que les prétentions des bourgeois choquent moins les idées d'égalité que celles des nobles ; mais ils ne s'abandonnent point aux idées des libéraux; c'est la tranquillité qu'ils désirent par dessus tout. Les meneurs des libéraux, au dedans et au dehors de la Chambre, sont des généraux, des légistes et des rentiers. Les nobles et les bourgeois désirent être chargés de l'administration de la fortune publique, principalement pour l'exploiter à leur profit. Les principaux industriels désireraient en être chargés, au contraire, pour y mettre la plus grande économie possible.

Les industriels sentent bien qu'ils sont les plus capables de bien diriger les intérêts pécuniaires de la nation, mais ils ne mettent point cette idée en avant, par la crainte de troubler momentanément la tranquillité ; ils attendent patiemment que l'opinion se forme à ce sujet, et qu'une doctrine vraiment sociale les appelle au timon des affaires.

De ce que nous venons de dire, nous concluons que les moyens pacifiques, c'est-à-dire, que les moyens de discussion, de démonstration et de persuasion seront les seuls que les industriels emploieront ou appuieront pour faire sortir l'administration de la fortune publique des mains des nobles, des militaires, des légistes, des rentiers et des fonctionnaires publics, pour la faire passer dans celles des plus importants d'entre eux.

D. *Nous admettons provisoirement que les industriels ne chercheront point à employer la violence pour faire sortir des mains des nobles et des bourgeois la haute direction des intérêts pécuniaires de la société et pour la faire passer dans celles des plus importants d'entre eux; mais des intentions pacifiques des industriels, il ne résulte pas la preuve que cette classe de la société soit en mesure de se placer au premier rang. Nous vous prions donc de nous dire quels sont les moyens des indus-*

triels pour opérer dans la société le change-ment radical dont il est question.

R. Les industriels composent plus des 24/25ᶜˢ de la nation; ainsi ils possèdent la supériorité sous le rapport de la force physique.

Ce sont eux qui produisent toutes les ri-chesses ; ainsi ils possèdent la force pécu-niaire.

Ils possèdent la supériorité sous le rapport de l'intelligence, car ce sont leurs combinaisons qui contribuent le plus directement à la prospé-rité publique.

Enfin, puisqu'ils sont les plus capables de bien administrer les intérêts pécuniaires de la nation, la morale humaine ainsi que la morale divine, appelle les plus importants d'entre eux à la direction des finances.

Les industriels sont donc investis de tous les moyens nécessaires; ils sont investis de moyens irrésistibles pour opérer la transition dans l'or-ganisation sociale qui doit les faire passer de la classe des gouvernés dans celles des gouver-nants.

D. *C'est l'union qui fait la force ; c'est par la raison que les industriels ne sont point unis qu'ils sont dominés par les nobles, par les mi-*

litaires, par les légistes, par les rentiers et par les fonctionnaires publics. Il n'y a pas de doute que leur supériorité, sous tous les rapports importants, ne soit telle que, s'ils étaient unis, ils se trouveraient d'emblée investis de la direction suprême des affaires communes; il n'y a pas de doute qu'ils ne seraient point obligés d'user de violence pour faire reconnaître leur supériorité par les autres classes, parce que chacune d'elles, et même toutes réunies, sont trop inférieures en force à leur égard, pour qu'elles puissent entreprendre de leur disputer le pouvoir. Mais n'existe-t-il pas, par la nature même des choses, un obstacle radical à l'union des industriels ? Nous serions portés à le croire, et nous fondons cette croyance sur ce seul fait que, malgré l'intérêt que les industriels ont eu à s'unir depuis l'origine de la société, ils se sont constamment laissé dominer par les classes non industrielles.

R. Lorsque les Francs eurent conquis les Gaules et qu'ils s'en furent partagé le territoire, ils se trouvèrent en même temps les chefs industriels et les chefs militaires du pays. Ce n'est que successivement que la classe industrielle s'est séparée de la classe militaire, qu'elle a acquis de l'importance, qu'elle s'est donné des chefs distincts des chefs militaires, et c'est seulement aujourd'hui qu'elle possède la force et les moyens suffisants pour se constituer première classe de la société ; aussi vous auriez tort de conclure du fait que les industriels, forment depuis 1,400 ans la classe inférieure de la société française, qu'ils aient été destinés à rester toujours au dernier rang et qu'ils ne puissent pas s'élever aujourd'hui au premier degré de pouvoir et de considération. La récapitulation rapide des progrès politiques de l'industrie et des industriels, depuis l'origine de notre société française jusqu'à ce jour, rendra cela parfaitement clair.

D. *L'examen que nous allons faire est de la plus grande importance; son importance est telle qu'il doit changer totalement la face des choses en politique, qu'il doit imprimer à la politique un caractère entièrement neuf, qu'il doit changer la nature de cette branche de nos connaissances. Jusqu'à ce jour, la politique n'a été qu'une science conjecturale, ou plutôt on n'a parlé et agi en politique que par routine.*

Quand cet examen sera terminé, on pourra

appuyer ses raisonnements sur des faits observés, sur une série de 1.400 années d'observations. Il est donc extrêmement désirable que cet examen soit facile à saisir, à juger et à retenir. Pour atteindre à ce but, nous vous proposons de diviser votre récapitulation en quatre parties ou époques, savoir :

Depuis l'établissement des Francs dans les Gaules jusqu'à la première croisade ;

Depuis la première croisade jusqu'à Louis XI ;

Depuis Louis XI jusques et compris le règne de Louis XIV ;

Depuis le règne de Louis XIV jusqu'à l'établissement du système de crédit.

Vous conclurez ensuite de cette grande série de faits ce qui doit arriver à la classe industrielle, et nous vous demanderons d'abord quels ont été les progrès faits par l'industrie, et l'importance acquise par les industriels, depuis l'établissement des Francs dans les Gaules jusqu'à la première croisade.

R. Depuis l'établissement des Francs dans les Gaules jusqu'à la première croisade, il s'est effectué une opération politique de la plus grande importance, une opération qui a préparé tous les progrès qui ont eu lieu depuis cette époque en civilisation, et par conséquent tous les progrès de l'industrie ; car les progrès de l'industrie sont les plus positifs de tous. Cette opération a consisté dans l'amalgame des vainqueurs et des vaincus, dans la formation de la nation française, composée des Francs et des Gaulois.

Les progrès postérieurs de l'industrie se sont préparés pendant cette époque, mais il ne s'en est effectué aucun qui mérite d'être cité.

Les Francs, qui étaient les chefs militaires de la nation, étaient en même temps les directeurs des travaux industriels : presque toutes les terres leur appartenaient ; ils s'étaient également emparés du mobilier de la culture, en tête duquel figuraient les Gaulois qui étaient attachés à la glèbe, et qui formaient, par cette raison, la première classe des bestiaux.

Les fabricants des grossiers instruments aratoires étaient aussi dans l'esclavage, et par conséquent sous la direction des Francs ; enfin la fabrication des étoffes avec lesquelles on se vétissait, était dirigée par les femmes des Francs qui les faisaient exécuter sous leurs yeux dans leurs châteaux. Pendant ce laps de temps, les artisans, quoique toujours dans l'esclavage, prirent de l'importance et parvinrent à se former un pécule qu'ils cachèrent avec soin.

D. *Que s'est-il passé depuis la première croisade jusqu'au règne de Louis XI ? Quels ont été les progrès de l'industrie ? Quelles sont les causes qui ont déterminé ces progrès ?*

R. Les croisades occasionnèrent des dépenses très-considérables aux aristocrates, c'est-à-dire aux Francs : leurs revenus ne furent pas suffisants pour les acquiter. Ils furent obligés, pour se procurer les sommes dont ils avaient besoin, de vendre des franchises aux Gaulois qui se trouvèrent en état de les payer.

Les Gaulois qui firent acquisition de la plus grande partie de ces franchises furent les artisans qui avaient eu plus que les autres les occasions et les moyens de se faire un pécule.

Les Francs vendirent aussi des terres aux Gaulois, qui, par des moyens quelconques, étaient venus à bout de se procurer de l'argent. Ainsi, ce furent les croisades qui déterminèrent la formation de la classe industrielle comme classe distincte de la classe militaire.

L'économie et l'activité de cette classe accrurent ensuite son importance depuis la dernière croisade jusqu'à l'avénement de Louis XI.

Ce furent aussi les croisades qui déterminèrent le perfectionnement et l'accroissement en
étendue et en multiplicité des travaux industriels. Les nobles, qui avaient été se ruiner dans
leurs expéditions asiatiques, rapportèrent en
France le goût du luxe, celui de la galanterie,
particulièrement le désir très-vif de posséder de
belles armes.

La galanterie des hommes développa la co-
quetterie des femmes ; et les femmes, en devenant coquettes, prirent le goût de la parure. Les
échantillons des belles étoffes fabriquée en Asie
inspirèrent au beau sexe le désir d'en posséder
de pareilles. De là, l'origine du commerce exté-
rieur, de là l'origine de la fabrication des armes
de luxe ; de là enfin l'origine de la fabrication de
tous les objets confortables pour une population devenue apte à savourer des jouissances
délicates.

En résumé, à l'époque de l'avénement au
trône de Louis XI, la classe industrielle se
trouvait bien distincte de la classe militaire.
Cette classe se composait de trois sections, savoir :

Des Gaulois propriétaires de terres, cultivateurs de ces terres et qui n'étaient point mili-

taires ; des artisans devenu libres et qui s'étaient réunis dans les villes ; des négociants qui importaient en France les étoffes fabriquées en Asie, et qui faisaient circuler dans le pays les objets de fabrication française.

D. Quels ont été les développements de l'industrie depuis Louis XI jusques et compris le règne de Louis XIV? Quelles ont été les causes de la marche et de l'importance acquise par les industriels?

R. Au xv° siècle, la royauté avait déjà acquis beaucoup de force en comparaison de ce qu'elle était à l'époque de la conquête des Gaules par les Francs ; époque où elle n'était que le généralat de l'armée des Francs, généralat nommé par les chieftains dont les troupes composaient cette armée.

Louis XI, en montant sur le trône, reconnut que la royauté n'était encore qu'une institution politique très-précaire, qu'elle n'avait point encore un caractère positif et stable ; il reconnut que le pouvoir souverain se trouvait encore appartenir collectivement aux barons ; il reconnut que le roi n'était en réalité que le baron le plus important et que la tradition s'était conservée chez les descendants des chieftains transformés en barons, que le roi n'était pour eux qu'un *primus inter pares*, éligible et destituable à leur volonté : il reconnut enfin que le fait qui devait fixer son attention était celui que les barons réunis étaient plus forts et plus puissants, en France, que le roi, et que la royauté n'avait, dans la constitution féodale, d'autre moyen de conserver sa suprématie, que de maintenir la division entre les barons et d'en attacher quelques-uns des plus puissants à son parti.

Louis XI conçut le hardi projet de concentrer toute la puissance souveraine dans les mains de la royauté, d'anéantir la suprématie des Francs sur les Gaulois, de détruire le système féodal, d'annuler l'institution de la noblesse et de se constituer roi des Gaulois au lieu de chef des Francs.

Pour réussir dans ce projet, il lui était nécessaire de combiner son autorité avec les intérêts d'une classe assez forte pour le soutenir et pour lui assurer le succès de son entreprise. Il se combina avec les industriels.

Les industriels désiraient que le pouvoir souverain fût concentré dans les mains de la royauté parce que c'était le seul moyen d'anéantir les entraves qu'éprouvait le commerce dans l'intérieur

de la France, par l'effet de la division de la puissance souveraine; ils désiraient aussi devenir
première classe de la société, tant pour la satisfaction de leur amour-propre', que pour les
avantages matériels qui résultent du travail de
faire la loi, la loi favorisant toujours ceux qui la
font. En conséquence, les industriels acceptèrent
l'alliance qui leur fut proposée par la royauté et
ils sont, depuis cette époque, restés constamment ligués avec elle.

Louis XI doit donc être considéré comme le
fondateur de la ligue qui s'est formée au xv° siècle entre la royauté et l'industrie contre la noblesse, entre le roi de France et les Gaulois
contre les descendants des Francs.

Cette lutte entre le roi et les grands vassaux,
entre les chefs des travaux industriels et les
nobles dura plus de deux cents ans, avant que
tous les pouvoirs souverains fussent concentrés
dans les mains de la royauté, avant que les nobles eussent cessé complétement de diriger les
travaux industriels. Mais enfin Louis XIV vt
affluer dans ses antichambres les descendants
ou les successeurs des chieftains les plus import-
tants, métamorphosés ensuite en barons, pour
y solliciter des places de domesticité dans sa

maison; mais enfin la nombreuse classe des
ouvriers n'eut plus d'autres chefs, dans ses travaux, que des hommes sortis de leurs rangs et
que leur capacité ou leur fortune avait mis en
état de se constituer entrepreneurs de quelque
opération industrielle.

Il est curieux d'observer, dans cette lutte, l'action directe des industriels à l'égard des nobles,
et les moyens qu'ils employèrent pour leur faire
perdre toute l'influence qu'ils exerçaient sur les
travaux pacifiques. Cette observation fera connaître la différence radicale qui existe entre le
caractère politique des nobles et celui des industriels, entre l'allure civile des Francs et celle des
Gaulois.

Les industriels, les Gaulois adonnés à la culture, allèrent trouver les gentilshommes dans
leurs châteaux et ils leur tinrent à peu près ce
langage : Vous menez une vie très-triste dans
l'état d'isolement où vous êtes à la campagne;
le soin de diriger la culture de vos propriétés
n'est pas une occupation digne de votre haute
naissance ; affermez vos terres, vous pourrez
passer l'hiver dans les villes et l'été à la campagne, sans jamais avoir à vous occuper que de
vos plaisirs; dans les villes, nos confrères les

fabricants s'empresseront à vous faire les meu-
bles les plus riches et les plus commodes; nos
confrères les marchands vous étaleront dans
leur magasins les étoffes les plus convenables
pour faire valoir les charmes de vos épouses.
et nos confrères les capitalistes vous prêteront
de l'argent quand vous en aurez besoin. L'été,
quand vous viendrez dans vos châteaux, vous
n'aurez à vous occuper que du plaisir de a
chasse, tandis que vos femmes s'amuseront à
faire cultiver des fleurs dans leurs parterres.

Les nobles furent séduits par cette proposition; ils l'adoptèrent, et dès ce moment ils cessèrent d'avoir aucune importance politique dans
l'État. puisqu'ils cessèrent d'être les chefs du
peuple dans ses travaux journaliers.

Ce qui est à remarquer, disons-nous, dans ce
changement déterminé par les industriels, ce fut
le caractère de leur conduite, qui fut tout à fait
distincte de la manière de procéder qui existait dans la société avant la formation de leur
classe.

Avant la formation de la corporation des industriels, il n'existait dans la nation que deux classes, savoir : celle qui commandait et celle qui
obéissait. Les industriels se présentèrent avec

un caractère neuf; dès l'origine de leur existence politique, ils ne cherchèrent point à com-
mander, ils ne voulurent point obéir. Ils intro-
duisirent la manière de procéder de gré à gré,
soit avec leurs supérieurs, soit avec leurs infé-
rieurs; ils ne reconnurent d'autres maîtres que
les combinaisons qui conciliaient les intérêts
des parties contractantes.

Nous passerons maintenant, si vous voulez,
à l'examen de ce qui s'est passé depuis le siècle
de Louis XIV jusqu'à l'établissement du système de crédit.

D. *Vous allez trop vite; il y a un point très-
important à éclaircir. Il paraît que Louis XIV,
après avoir recueilli les avantages qui étaient
résultés de son alliance avec les industriels,
après avoir réduit les grands vassaux à lui
passer la chemise et à le servir à table, a tout
à fait abandonné les industriels; qu'il ne s'est
occupé que d'acquérir une grande réputation
comme militaire et comme conquérant; que
de se construire des palais superbes et de faire
dévorer, par ses courtisans, tous les produits
des travaux industriels. Qu'avez-vous à nous
dire à ce sujet ?*

R. Certainement Louis XIV a été trop dépensier; il a trop aimé la guerre; mais on n'a pas le droit d'en conclure qu'il n'a pas rendu de grands services à l'industrie : c'est d'après ses ordres que Colbert a donné des fonds aux manufacturiers pour établir de grands ateliers de fabrication; c'est avec les fonds de son trésor que s'est élevée la belle manufacture des Van Robais, qui a donné l'impulsion de tous les travaux en beaux tissus de laine.

Enfin c'est lui qui a combiné l'alliance entre la capacité scientifique positive et la capacité manufacturière. Il a créé l'Académie des sciences et il lui a donné, pour occupation spéciale, le soin d'éclairer et de seconder les travaux industriels.

Permettez-nous de vous faire observer que cette récapitulation doit être la plus rapide possible. Nous vous invitons, en conséquence, à ne nous pas faire entrer dans de plus grands détails et à passer immédiatement à l'examen des progrès de l'industrie et de l'importance acquise par les industriels depuis le règne de Louis XIV jusques et compris l'établissement du système de crédit.

D. *Pour acquiescer à votre désir, nous vous prions de nous dire comment les industriels ont put s'élever, de la position sociale très-subalterne dans laquelle ils se trouvaient encore sous Louis XIV à l'égard de la noblesse, à l'attitude de rivalité qu'ils ont prise relativement à toutes les classes qui ne sont pas industrielles; en un mot, nous vous prions de nous dire comment il se fait qu'aujourd'hui la chaussée d'Antin ose lutter avec le faubourg Saint-Germain ?*

R. Avant le xviiie siècle, les cultivateurs, les fabricants et les négociants ne formaient encore que des corporations séparées. C'est depuis la fin du règne de Louis XIV que les industriels de ces trois grandes branches de l'industrie se sont liés financièrement et politiquement, au moyen de la création d'un nouveau genre d'industrie dont les intérêts particuliers sont en accord parfait avec les intérêts communs à tous les industriels. C'est la formation de cette nouvelle branche d'industrie qui a donné aux industriels le moyen d'établir le système de crédit.

Il est extrêmement important d'observer avec la plus grande attention la marche qu'a suivie l'organisation du corps des industriels sous le rapport financier et politique; car c'est seulement par la connaissance de la manière dont cette organisation s'est opérée qu'il est possible de concevoir, d'une manière nette et ferme, ce que les industriels doivent faire aujourd'hui pour améliorer leur existence sociale : nous vous prions de suivre avec beaucoup d'attention ce que nous allons vous dire.

La protection accordée, par Louis XIV, à la fabrication et au commerce, avait fait prendre un grand essor à ces deux branches de l'industrie mais, de ce grand bien, il était résulté un inconvénient : c'est que les manufacturiers et les négociants, ayant multiplié leurs opérations, avaient à faire des payements et des recettes dans beaucoup d'endroits différents, d'où il résultait que le travail pour solder réciproquement leurs comptes, employait une grande partie de leur temps.

Les besoins font naître les ressources : il ne tarda pas à se former une nouvelle branche d'industrie, l'industrie banquière. Ces nouveaux industriels allèrent trouver les fabricants et les négociants; ils leur dirent : « Vous employez « beaucoup de temps et vous faites de grands « sacrifices pour opérer vos rentrées et pour « faire vos payements. Nous vous proposons de « nous charger de ce travail. Attendu que nous

« en ferons notre unique occupation et que
« toutes les opérations de ce genre seront faites
« par nous, il nous sera possible de faire vos
« payements et vos rentrées à beaucoup meilleur
« marché que vous ne pouvez les effectuer vous-
« mêmes, les transports matériels d'argent
« devant, par ce moyen, être considérablement
« diminués, etc. »

La proposition des banquiers fut acceptée par tous les fabricants et les négociants, de manière qu'à partir de cette époque, tous les mouvements d'argent se sont effectués par les banquiers.

Les banquiers ne tardèrent pas à obtenir un grand crédit, ce qui devait nécessairement résulter du fait que tous les mouvements d'argent s'effectuaient par eux.

Pour tirer parti de leur crédit, les banquiers le prêtèrent à intérêt aux négociants et aux fabricants.

Les négociants et les fabricants, jouissant d'un plus grand crédit, purent étendre leurs opérations et produire une plus grande masse de richesses.

Enfin, le résultat général pour l'industrie et pour la société de l'établissement de la banque,

fait que la masse, ainsi que le goût des choses
confortables, reçut un très-grand accroissement,
et que la classe industrielle commença, dès ce
moment, à posséder une force pécuniaire beaucoup plus grande que toutes les autres classes
réunies, et même que le gouvernement.

Pendant que les industriels avaient fait de
grands progrès en capacité, en importance et en
puissance réelle, les classes non industrielles
avaient rétrogradé sous tous les rapports; et
c'était cependant dans ces classes que la royauté
avait continué de choisir les administrateurs de
la fortune publique.

La mauvaise administration de la fortune publique avait fait naître un déficit qui s'était toujours
augmenté, et définitivement, en 1817, le Trésor
public se trouvait dans un embarras tel, que ses
administrateurs non industriels ne concevaient
plus aucun moyen de le tirer d'embarras et de
remplir les engagements qui avaient été con-
tractés par le roi à l'égard des étrangers, toujours par suite des mauvaises opérations financières qui avaient occasionné la révolution et
ensuite l'anarchie dans le royaume, et qui avaient
fini par mettre la nation française dans la dépen-
dance des nations étrangères.

Dans ces circonstances, les banquiers proposèrent au gouvernement tout l'argent dont il avait besoin, mais ils y mirent pour condition :

1° Que le gouvernement abandonnerait complétement l'allure barbare qu'il avait eue jusqu'alors en finances ; qu'il renoncerait à tout jamais à faire des banqueroutes ; qu'il adopterait la marche industrielle, c'est-à-dire loyale ; qu'il payerait intégralement tous les créanciers, quelle que fût l'origine de leur créance ;

2° Que cette affaire serait traitée de gré à gré entre eux, banquiers, et le gouvernement ; que les conditions de l'emprunt seraient débattues entre eux et les ministres, comme une affaire entre simples particuliers.

La proposition des banquiers fut acceptée. On vit alors naître le crédit public, et le crédit public donna à l'institution de la royauté plus de solidité qu'elle n'en avait jamais eu.

Ici se termine la récapitulation que nous avions promise des progrès faits par l'industrie et de l'importance acquise par les industriels depuis l'établissement des Francs dans les Gaules jusqu'à ce jour.

D. *Maintenant, il vous reste à nous dire ce que vous concluez de cette récapitulation pour l'avenir. Il vous reste à nous faire connaître quel est le sort futur des industriels; ou plutôt, pour nous expliquer clairement, il vous reste à tracer la marche que les industriels doivent suivre pour s'établir première classe de la société et pour déterminer la royauté à confier, aux plus importants d'entre eux, le soin de diriger l'administration de la fortune publique. Expliquez-vous clairement à ce sujet.*

R. Permettez-nous de vous faire observer que, si nous satisfaisions immédiatement le désir que vous nous témoignez, que, si nous passions immédiatement des considérations sur le passe à celles sur l'avenir, nous procéderions d'une manière qui ne serait pas méthodique. Le grand ordre de choses a intercallé le présent entre le passé et l'avenir, et nous devons, par cette raison, nous arrêter un moment sur le présent avant de nous lancer dans l'avenir.

Voici, en peu de mots, l'état des choses en politique :

Les descendants des Gaulois sont parvenus à détruire complétement l'état d'esclavage individuel qui pesait sur eux; ils se sont activés dans la direction des travaux pacifiques; ils se sont organisés d'une manière industrielle; ils n'ont conservé d'énergie militaire que celle nécessaire pour repousser les invasions et maintenir, dans l'intérieur, l'ordre, c'est-à-dire le respect aux propriétés. Les descendants des Gaulois, c'est-à-dire les industriels, ont constitué la force pécuniaire, force dominatrice, et ce sont eux qui possèdent cette force ; car non-seulement il y a plus d'écus dans leurs coffres que dans ceux des descendants des Francs, mais encore, par le moyen de leur crédit, ils peuvent disposer de la presque totalité de l'argent qui se trouve en France : ainsi les Gaulois sont devenus les plus forts.

Mais le gouvernement est resté dans les mains des descendants des Francs : ce sont les descendants des Francs qui administrent la fortune publique, et les descendants des Francs ont conservé la direction qu'ils ont reçue de leurs ancêtres ; de manière que la société présente aujourd'hui ce phénomène extraordinaire : *une nation qui est essentiellement industrielle, et dont le gouvernement est essentiellement féodal.*

D. *Nous trouvons qu'il existe une grande exagération dans le tableau que vous nous présentez. Certainement le gouvernement est plus féodal que le corps de la nation ; mais l'esprit*

*féodal du gouvernement s'est tellement mo-
difié, qu'il se trouve en accord avec l'esprit,
les mœurs et les habitudes de la classe industrielle, qui forme effectivement aujourd'hui
le corps de la nation, ou, si vous l'aimez
mieux, la nation. Voilà notre opinion: quelle
est la vôtre ?*

R. Vous commettez une grande erreur en vous
imaginant que les classes gouvernantes se sont
mises en accord avec la nation : cet accord est
impossible à établir, parce qu'il est contre la
nature des choses. Les institutions, de même
que les hommes qui les créent, sont modifiables ;
mais elles ne sont point dénaturables : leur
caractère primitif ne peut pas s'effacer entièrement. Or, toute société, dans la constitution de
laquelle il se trouve des institutions de nature
différente, toute société, quelque petite ou nombreuse qu'elle soit, dans laquelle deux principes
antagonistes se trouvent admis, est constituée
dans un état de désordre : tel est l'état présent
de la population qui habite le territoire français.
Les administrés, les gouvernés, dans cette population, ont adopté pour principe qui sert de guide
à leurs actions, le principe industriel; ils ne veulent obéir qu'aux combinaisons qui concilient

les intérêts des parties contractantes ; ils pensent que la fortune publique doit être administrée dans l'intérêt de la majorité ; ils ont en horreur les priviléges et les droits de naissance, la royauté seule exceptée : en un mot, ils tendent à l'établissement de la plus grande égalité possible, tandis que les descendants des Francs, qui forment aujourd'hui la tête du gouvernement, ont toujours présents à l'esprit leurs droits résultant de la conquête, tandis que la nation leur paraît devoir être gouvernée dans leur intérêt, et que leurs idées en politique se bornent à la conception, admirable par sa simplicité, de la division en deux classes : l'une qui commande et l'autre qui obéit.

D. *Il y a une chose que vous n'avez point remarquée : c'est qu'il existe une classe intermédiaire entre les nobles et les industriels ; c'est cette classe précieuse qui est le véritable lien social ; c'est elle qui concilie les principes féodaux avec les principes industriels ; que pensez-vous de cette classe ?*

R. La division que vous venez d'établir est très-belle en métaphysique ; mais ce n'est point de la métaphysique que nous voulons faire ; nous voulons, au contraire, la combattre. Le but de

notre travail est de mettre des faits à la place des
raisonnements des métaphysiciens ; nous allons,
en conséquence, récapituler la formation, l'existence et les derniers travaux de la classe intermédiaire qui vous paraît si précieuse.

Pendant longtemps, les Francs rendirent la
justice à leurs vassaux, personnellement, seuls,
et sans le secours d'aucun érudit. Mais, quand
les relations sociales se multiplièrent et se com-
pliquèrent, quand la loi écrite fut introduite, les
descendants des Francs, qui tenaient à honneur
de ne pas savoir signer leurs noms, ne purent
plus suffire aux travaux judiciaires : il se forma
une corporation de légistes. Les barons prirent
ces légistes pour conseillers ; à l'audience, ils les
plaçaient entre leurs jambes et les consultaient
sur les questions judiciaires qu'il fallait résoudre.
Plus tard, ils se déchargèrent entièrement du
soin de juger les différends qui survenaient entre
leurs vassaux ; les légistes tinrent seuls les
audiences, et ils rendirent la justice au nom des
descendants des Francs. Voilà l'origine d'une
des sections de la classe intermédiaire.

Jusqu'à la découverte de la poudre à canon, les
hommes d'armes, c'est-à-dire les descendants des
Francs, composèrent le corps de l'armée. Après

la découverte de la poudre à canon, les fusiliers et les artilleurs devinrent la force de l'armée; ce furent principalement les descendants des Gaulois qui devinrent ingénieurs, artilleurs et fusiliers, le commandement des troupes restant toujours entre les mains des descendants des Francs. Voilà l'origine d'une autre section de la classe intermédiaire.

La totalité du territoire avait été primitivement partagée entre les Francs. La puissance souveraine était attachée alors à la propriété territoriale. Quand les descendants des . Francs se croisèrent et furent obligés de vendre une partie de leurs terres pour se procurer l'argent dont ils avaient besoin, ils se trouvèrent aliéner en même temps une portion de leur souveraineté; car, quelque effort qu'ils fissent pour dépouiller les terres qu'ils vendaient des droits de souveraineté, tout le territoire se trouvait tellement imbu de féodalité, que les nouveaux propriétaires, quoique roturiers d'origine, devinrent des nobles au petit pied. Voilà l'origine de la troisième section de la classe intermédiaire.

On voit que ces trois sections, qui composent la classe intermédiaire, ont été créées et engendrées par les descendants des Francs. Nous verrons plus bas qu'elles ont agi conformément à leur nature primitive, dès qu'elles sont parvenues à s'emparer du pouvoir. Mais examinons quelle a été d'abord leur conduite depuis leur origine jusqu'en 1789.

Les légistes, les militaires roturiers et les propriétaires de terre qui n'étaient ni nobles, ni cultivateurs, ont joué, le plus ordinairement, le rôle de protecteurs du peuple contre les prétentions et les priviléges des descendants des Francs.

S'étant jugée, en 1789, suffisamment forte pour se débarrasser de la suprématie exercée sur elle par les descendants des Francs, la classe intermédiaire détermina la masse du peuple à s'insurger contre les nobles. Au moyen de la force populaire, elle parvint à faire massacrer une partie des descendants des Francs, et elle força ceux qu'elle ne fit point massacrer à fuir en pays étranger. La classe intermédiaire devint alors la première classe, et il est très-curieux d'observer la conduite qu'elle tint quand elle se fut emparée du pouvoir suprême. La voici :

Elle choisit dans ses rangs un bourgeois qu'elle fit roi; elle donna à ceux de ses membres qui avaient joué le principal rôle dans la révolution les titres de princes, ducs, comtes, barons, chevaliers, etc.; elle créa des majorats en faveur des nouveaux nobles : en un mot, elle reconstitua la féodalité à son profit.

Voilà la conduite qu'a tenue la classe intermédiaire dont vous présentez l'existence comme étant si utile aux industriels. Certainement, les bourgeois ont rendu des services aux industriels ; mais aujourd'hui la classe bourgeoise pèse, avec la classe noble, sur la classe industrielle. Les bourgeois n'ont plus d'existence sociale que celle de nobles au petit pied, et les industriels sont intéressés à se débarrasser en même temps de la suprématie exercée sur eux par les descendants des Francs et par la classe intermédiaire qui a été créée par les nobles, et qui, par conséquent, aura toujours pour tendance de constituer la féodalité dans ses intérêts. La classe industrielle ne doit pas former d'autre alliance que celle qu'elle a contractée sous Louis XI avec la royauté. Elle doit combiner ses efforts avec la royauté pour établir le régime industriel, c'est-à-dire le régime sous lequel les industriels les plus importants formeront la première classe de l'État, et seront chargés de diriger l'administration de la fortune publique.

D. *Vous êtes trop tranchant, trop absolu. trop exclusif; vous voudriez qu'il n'y eût qu'une seule classe, celle des industriels; cela est absolument impraticable, car les industriels eux-mêmes ont besoin de militaires, de légistes, etc. Pouvez-vous vous justifier du reproche que nous vous adressons?*

R. Produire un système, c'est produire une opinion qui est, par sa nature, tranchante. absolue et exclusive : voilà notre réponse à la première partie de votre objection. Vous dites ensuite que nous voulons qu'il n'existe plus qu'une seule classe dans la société, celle des industriels; vous vous trompez : ce que nous voulons, ou plutôt ce que les progrès de la civilisation veulent, c'est que la classe industrielle soit constituée la première de toutes les classes; c'est que les autres classes lui soient subordonnées.

Dans les temps d'ignorance, la direction de l'activité nationale a été principalement militaire, et secondairement industrielle. A cette époque, toutes les classes de la société ont dû être subordonnées à la classe militaire : telle a été effectivement l'organisation sociale de cette époque. et elle aurait été mauvaise si elle n'avait pas eu ce caractère tranchant, exclusif, absolu. Les progrès de la civilisation ont amené un état de choses dans lequel la direction de la population en France est essentiellement industrielle ; donc, la classe industrielle doit être constituée la première de toutes ; donc, les autres classes doivent lui être subordonnées. Certainement les industriels ont besoin d'une armée ; certainement ils ont besoin de tribunaux ; certainement les propriétaires ne doivent point être forcés d'engager leurs capitaux dans l'industrie ; mais c'est une chose mons-trueuse que ce soient les militaires, les légistes et les propriétaires oisifs qui soient les principaux directeurs de la fortune publique dans l'état pré-sent de la civilisation.

D. *Arrêtez-vous, vous vous étendez beaucoup trop pour le moment ; vous entrez dans la dis-cussion du fond de la question, et vous perdez de vue que le point d'examen qui nous occupe présentement a pour objet de préciser le ca-ractère de l'état présent des choses en politique. Donnez-nous donc votre résumé à cet égard.*

R. Voici, en deux mots, le résumé que vous nous demandez : L'ÉPOQUE ACTUELLE EST UNE ÉPOQUE DE TRANSITION.

D. *Passons à la considération de l'avenir, et*

*dites-nous clairement quel sera, en définitive,
le sort politique des industriels?*

R. Les industriels se constitueront première
classe de la société; les industriels les plus importants se chargeront gratuitement de diriger
l'administration de la fortune publique: ce sont
eux qui feront la loi, ce sont eux qui fixeront le
rang que les autres classes occuperont entre
elles; ils accorderont à chacune d'elles une
importance proportionnée aux services que
chacune d'elles rendra à l'industrie; tel sera
inévitablement le résultat final de la révolution
actuelle; et quand ce résultat sera obtenu, la
tranquillité sera complétement asssurée, la prospérité publique marchera avec toute la rapidité
possible, et la société jouira de tout le bonheur
individuel et collectif auquel la nature humaine
pourrait prétendre.

Voilà notre opinion sur l'avenir des industriels et sur celui de la société. Voici les considérations sur lesquelles cette opinion est fondée:

1° La récapitulation du passé de la société
nous a prouvé que la classe industrielle avait
continuellement acquis de l'importance, tandis
que les autres en avaient toujours perdu; et nous
devons conclure de là que la classe industrielle

doit finir par se constituer la plus importante de toutes.

2° Le simple bon sens a placé, dans tous les individus, le raisonnement suivant : Les hommes ayant toujours travaillé à l'amélioration de leur sort, le but vers lequel ils ont toujours tendu a été celui de l'établissement d'un ordre social dans lequel la classe occupée des travaux utiles soit la plus considérée. C'est ce but que la société finira nécessairement par atteindre

3° Le travail est la source de toutes les vertus; les travaux les plus utiles sont ceux qui doivent être le plus considérés; ainsi la morale divine et la morale humaine appellent également la classe industrielle à jouer le premier rôle dans la société.

4° La société se compose d'individus; le développement de l'intelligence sociale ne peut être que celui de l'intelligence individuelle sur une plus grande échelle; si l'on observe la marche que suit l'éducation des individus, on remarque, dans les écoles primaires, l'action de gouverner comme étant la plus forte; et dans les écoles d'un rang plus élevé, on voit l'action de gouverner les enfants diminuer toujours d'intensité, tandis que l'enseignement joue un rôle de plus en plus important. Il en a été de même pour l'éducation de la société; l'action militaire, c'est-à-dire l'action féodale, a dû être la plus forte à son origine; elle a toujours dû décroître, tandis que l'action administrative a toujours dû acquérir de l'importance, et le pouvoir administratif doit nécessairement finir par dominer le pouvoir militaire. Les militaires et les légistes doivent finir par être aux ordres des hommes les plus capables en administration; car une société éclairée n'a besoin que d'être administrée; car, dans une société éclairée, la force des lois et celle des militaires pour faire obéir à la loi, ne doivent être employées que contre ceux qui entreprendraient de troubler l'administration. Les conceptions directrices de la force sociale doivent être produites par les hommes les plus capables en administration; or, les industriels les plus importants étant ceux qui ont fait preuve de la plus grande capacité en administration, puisque c'est à leur capacité dans ce genre qu'ils doivent l'importance qu'ils ont acquise, ce sont eux qui, en définitive, seront nécessairement chargés de la direction des intérêts sociaux.

D. *Nous trouvons votre démonstration suffisante; nous admettons votre opinion sur l'a-*

venir politique des industriels, et nous allons entamer immédiatement l'examen de la grande question, de celle à l'égard de laquelle tout ce que nous avons dit précédemment n'a été que préliminaire, que préparatoire, de la question après laquelle nous n'aurons plus que des questions secondaires à traiter, de celle enfin qui intéresse le plus directement les industriels.

Dites-nous comment s'opérera le changement radical que vous nous avez prouvé devoir s'effectuer ; dites-nous ce que les industriels doivent faire pour s'élever au premier rang social ; dites-nous comment se fera l'entreprise qui doit les conduire à ce résultat ; dites-nous comment cette entreprise sera conduite ; dites-nous surtout quels seront les hommes assez audacieux pour faire une pareille entreprise.

R. Notre réponse à la demande que vous venez de nous faire sera la plus claire et la plus positive ; nous sommes les mortels audacieux qui faisons cette entreprise : Nous entreprenons d'élever les industriels au premier degré de considération et de pouvoir.

Nous vous dirons plus : nous vous dirons que cette entreprise se trouve commencée par le fait de la production de ce PREMIER CAHIER DU CATÉCHISME DES INDUSTRIELS.

D. *Votre réponse est très-positive sous ce rapport que c'est vous qui entreprenez d'opérer le changement qui doit placer les industriels en tête de la société; mais elle n'est positive que sous ce rapport. Il nous reste maintenant à examiner si votre entreprise est bien conçue, si vous êtes capable de diriger une entreprise aussi vaste; il vous reste à nous faire connaître votre combinaison, la marche que vous comptez suivre, et surtout quels sont les moyens pécuniaires que vous possédez pour fournir aux dépenses de l'entreprise, car les industriels ne sont susceptibles d'éprouver aucun intérêt pour une entreprise dont la partie financière a été mal conçue, mal combinée.*

Au surplus, nous vous avouerons que nous sommes fort satisfaits de voir que vous fassiez de cette entreprise une affaire qui vous soit personnelle.

Il est certain que les choses qui sont l'affaire de tout le monde finissent par n'être l'affaire de personne; il est certain que l'intérêt personnel est le seul agent qui puisse diriger l'intérêt public. La difficulté est de trouver la

combinaison qui fait coïncider l'intérêt per-
sonnel avec l'intérêt public. Nous ne croyons
pas devoir nous étendre davantage au sujet du
principe, puisque l'examen se trouve réduit à
celui d'un fait particulier, du fait de votre en-
treprise. Nous vous prions donc de répondre
aux questions que nous vous avons faites en
tête de cette demande.

R. Nous commencerons par nous faire connaître ; car le public aime à savoir positivement
quelles sont les personnes qui prennent la liberté d'appeler son attention sur leur pensée.
Nous vous faisons en conséquence les déclara-
tions suivantes, qui portent d'abord sur notre
conduite politique et ensuite sur nos travaux :

1° Nous n'avons joué que le rôle d'observa-
teur pendant tout le cours de la Révolution ; nous
n'avons rempli aucune fonction publique ; nous
n'avons pas même été notable de village, et
nous ne nous sommes liés à aucun des partis
politiques qui ont divisé la France depuis 1789 ;
en un mot, l'opinion que nous produisons est
vierge ;

2° Ce n'est pas légèrement que nous avons
fait cette entreprise ; nous avons employé quarante-cinq ans à la méditer et à la préparer.

En résultat de nos méditations et de nos travaux, nous avons reconnu que, pour passer du régime dans lequel les industriels sont soumis à la direction des militaires, des légistes et des rentiers, à l'ordre social qui doit placer la direction des intérêts généraux dans les mains des industriels, il y avait une condition indispensable à remplir, c'était de concevoir d'une manière bien nette, le régime industriel et de le faire concevoir aux industriels les plus importants, c'est-à-dire, nous avons reconnu qu'il fallait faire concevoir aux industriels les plus importants de quelle manière ils pouvaient et devaient employer toutes les capacités utiles, pour le service de l'industrie et pour l'intérêt des producteurs ; nous avons reconnu enfin que l'entreprise dont la société avait besoin, et que nous nous sommes déterminés à faire, n'offrait qu'une seule difficulté, celle de concevoir, d'une manière claire, le système industriel ; que la difficulté consistait à trouver le moyen de mettre en accord le système scientifique, le système d'éducation publique, le système religieux, le système des beaux-arts et le système des lois avec le système des industriels ; qu'elle consistait à trouver le moyen de faire concourir les savants, les théologiens, les artistes, les légistes, les militaires et les rentiers les plus capables, à l'établissement du système social le plus avantageux à la production et le plus satisfaisant pour les producteurs.

Nous vous déclarons enfin que nous sommes venus à bout de vaincre cette difficulté; nous vous déclarons que nous indiquerons aux industriels, dans ce catéchisme, d'une manière claire et suffisamment développée, les moyens qu'ils doivent employer pour faire concourir toutes les capacités utiles à l'établissement de l'organisation sociale qui peut leur procurer le plus de satisfaction.

D. *Nous ne convenons pas que la difficulté que vous prétendez avoir surmontée, soit la seule qui s'oppose au succès de votre entreprise, mais nous avouons qu'elle nous paraît la plus grande de toutes, et nous vous prions de nous dire positivement où vous en êtes relativement à ce travail. Nous vous prions de nous dire si ce travail n'existe encore dans votre tête qu'en aperçu, ou s'il est sur le papier.*

R. Nous joindrons au 3e cahier du catéchisme, un volume sur le système scientifique et sur le système d'éducation.

Ce travail, dont nous avons jeté les bases, et

dont nous avons confié l'exécution à notre élève Auguste Comte, exposera le système industriel à *priori* pendant que nous continuerons dans ce catéchisme son exposition à *posteriori*.

D. *Nous admettons que vous êtes parvenu à concevoir clairement la marche que les industriels doivent suivre pour s'élever au premier degré d'importance sociale; mais nous vous dirons que, cette difficulté vaincue, il s'en présente une seconde. Comment ferez-vous entendre le plan que vous avez conçu?*

R. ON EXPLIQUE FACILEMENT CE QU'ON CONÇOIT CLAIREMENT. Les premières pages de ce catéchisme suffisent pour vous prouver que nous nous trouvons en mesure, en résultat de quarante-cinq ans de travaux, d'exposer nos idées d'une manière claire et facile à saisir.

D. *Après que ces deux difficultés seront vaincues, il s'en présentera une troisième qui sera peut-être plus difficile à surmonter que les deux premières. Nous admettons que vous avez bien conçu, c'est-à-dire, bien inventé le système industriel; nous admettons que vous l'avez clairement exposé; nous admettons enfin qu'il est bien compris par les industriels; et, tout cela admis, nous vous demandons quels moyens*

pourront employer les industriels pour l'eta-
blir ?

R. Il a fallu une immense quantité de pierres et beaucoup de temps pour construire le dôme de Saint-Pierre de Rome ; mais, après l'exécution d'un grand nombre de travaux, il est enfin arrivé un moment où la pose d'une seule pierre a fermé la coupole et terminé l'édifice.

Depuis le xve siècle, le système féodal s'est successivement désorganisé ; le système industriel s'est successivement organisé. Une conduite convenable de la part des principaux chefs de l'industrie, bien unis entre eux, suffira pour établir le système industriel, et pour faire abandonner par la société les ruines de l'édifice féodal que nos ancêtres ont habité.

D. *Precisez davantage votre idée et don-*
nez-lui plus de développement.

R. Le moment n'est pas convenable pour discuter cette question. Nous ne devons développer nos idées relativement aux moyens d'exécution qu'après avoir terminé l'exposition de notre système, qu'après avoir réfuté les objections qui nous seront faites. Cependant pour satisfaire , par anticipation, par aperçu, et autant qu'il est possible actuellement, le désir que vous nous témoignez, nous vous dirons : Les intérêts politiques de l'Europe se discutent dans la France, et les intérêts sociaux des Français se discutent à Paris. Or, la classe industrielle se trouvant dans la population parisienne plus nombreuse et plus importante que toutes les autres réunies, les industriels parisiens peuvent s'organiser en parti politique; une fois les industriels parisiens organisés, l'organisation de tous les Français et ensuite de tous les Européens industriels occidentaux, deviendra facile, et il résultera nécessairement de l'organisation des Européens industriels en parti politique, l'établissement du système industriel en Europe et l'anéantissement du système féodal.

D. *Mais le gouvernement s'opposera à la formation de la classe industrielle parisienne en parti politique.*

R. Vous vous trompez, et votre erreur provient de ce que vous confondez toujours le parti libéral avec le parti industriel.

Le parti libéral a toujours eu et aura toujours pour directeurs les classes intermédiaires. Or, ces classes ayant été engendrées par la classe féodale, tiennent de la nature de la féodalité. Ainsi, elles doivent nécessairement tendre à réorganiser la féodalité à leur profit. La véritable devise des chefs de ce parti est : ôte-toi de là, que je m'y mette. Leur but apparent est la suppression des abus ; leur but réel est de les exploiter pour leur propre avantage. Ainsi, le gouvernement a dû et il doit employer toutes ses forces pour empêcher l'accroissement d'importance du parti libéral.

Le gouvernement, au contraire, ne devra point, ne voudra point, ne pourrait point empêcher la formation du parti industriel, parce que ce parti est essentiellement pacifique, essentiellement moral ; parce qu'il ne tend à exercer d'action que par la force de l'opinion publique, et que le gouvernement ne peut point empêcher la formation de l'opinion publique.

En un mot, la classe industrielle forme les 24/25es de la nation ; ainsi, quand les industriels auront une opinion politique qui leur sera propre, cette opinion sera l'opinion publique, et l'opinion publique est, comme dit le proverbe, la reine du monde. Aucune force ne peut lui résister ; si la tranquillité n'est pas encore complétement assurée, c'est que l'opinion publique ne s'est pas encore prononcée.

D. *Vous devriez présenter votre travail*

au roi. Pour que ce grand changement social s'opère d'une manière pacifique, il faudrait qu'il fût provoqué et dirigé par la royauté. Que pensez-vous de cette idee ?

R. Certainement nous adressons ce travail à M. le Président du Conseil des ministres, en le priant de le mettre sous les yeux de Sa Majesté ; mais il ne faut pas vous figurer que le Roi puisse travailler immédiatement à opérer ce changement. Pour que ce changement soit praticable, il faut qu'il ait été préparé par les écrivains. Le pouvoir royal est beaucoup plus limité qu'on ne le croit en général ; il est limité par le grand ordre de choses. Un souverain qui veut améliorer l'organisation sociale de ses peuples plus que l'état de leurs lumières et de leur civilisation ne le comporte, échoue nécessairement dans son entreprise. Nous avons eu de cette importante vérité un exemple contemporain, dans les malheurs arrivés en Autriche à Joseph II, qui avait entrepris de vendre les biens du clergé et de diminuer le privilége des nobles.

Il faut que la doctrine industrielle ait été propagée ; il faut que les industriels les plus importants aient acquis une idée bien claire de la manière dont ils doivent employer les savants, les artistes, les légistes, les militaires et les rentiers, pour la plus grande prospérité de l'industrie, avant que le roi puisse employer utilement son autorité pour placer les industriels au premier rang social.

Examinez l'état présent de la conscience des industriels, et vous reconnaîtrez qu'ils n'éprouvent point le sentiment de la supériorité de leur classe : presque tous désirent en sortir, pour passer dans la classe des nobles. Les uns sollicitent un brevet de baron ; d'autres, en plus grand nombre, s'empressent d'offrir aux descendants des Francs la fortune qu'ils ont acquise dans l'industrie, à condition qu'ils voudront bien prendre leur fille. Loin de se soutenir les uns les autres, ils se jalousent, et cherchent réciproquement à se nuire auprès des autorités. Les banquiers de tous les pays s'empressent de vendre à tous les gouvernements le crédit de l'industrie, sans être arrêtés dans leurs opérations financières par l'idée qu'ils s'associent aux débris de la féodalité, et qu'ils prolongent l'état de subalternité dans lequel la classe industrielle s'est trouvée jusqu'à ce jour à l'égard des autres classes [1].

1. Qu'on parcoure les salons de la Chaussée d'Antin, on verra qu'ils sont peuplés de faiseurs de phrases et de ren-

D. *Vous conviendrez au moins qu'il vous faudra beaucoup de temps pour réussir dans votre entreprise, c'est-à-dire pour faire l'éducation des industriels et pour leur apprendre à se conduire conformément à leur intérêt?*

R. Il faudra beaucoup moins de temps que vous ne l'imaginez : on apprend très-vite ce qu'on a grand intérêt, un intérêt positif à sa-

tiers insignifiants. Chez les banquiers libéraux on trouvera un grand nombre de fonctionnaires publics destitués qui travaillent à ressaisir le pouvoir et à remettre la main dans le Trésor public. Chez ceux qui escomptent volontiers l'avenir politique des nobles, ce sont les fonctionnaires publics qui sont présentement en possession de l'exploitation des abus; mais chez les uns ainsi que chez les autres, on ne trouvera qu'un très-petit nombre de membres du corps de l'industrie, et on remarquera qu'ils sont presque toujours placés au bas de la table.

Le jour où les banquiers feront de leur maison un lieu de réunion agréable pour les industriels de la rue Saint-Denis, de la rue de la Verrerie, de la rue des Bourdonnais, etc., etc., ainsi que pour les manufacturiers établis dans les faubourgs, les industriels commenceront à former un parti politique; ils commenceront à exercer une véritable influence sur l'administration des affaires publiques. L'Europe est dans la France et la France dans Paris. En moins d'un an, les banquiers de Paris peuvent jouer le rôle politique le plus important en Europe, s'ils savent s'entendre et employer convenablement leurs moyens, qu'ils ont, jusqu'à ce jour, gaspillés d'une manière pitoyable, nous pourrions même dire qu'ils ont employés d'une manière directement contraire aux intérêts politiques de la classe industrielle.

Ce sont toujours les chefs de parti qui ont tort quand les affaires du parti ne vont pas bien.

voir. L'éducation politique des industriels demandera beaucoup moins de temps que vous ne le pensez ; elle s'effectuera d'autant plus vite que la publication du système industriel déterminera les hommes les plus capables, dans toutes les directions utiles, à y travailler. Il est si doux de nager dans la direction du courant ; il est si extravagant de vouloir rétrograder en civilisation, qu'une fois l'idée bien établie que le système industriel doit prédominer, tous les hommes capables dans tous les genres cesseront de travailler à prolonger l'existence politique des *débris de la féodalité*.

Les hommes les plus capables dans la direction scientifique, théologique, des beaux-arts, dans celle des légistes, des militaires et des rentiers, ne tarderont pas à s'associer à notre entreprise ; et quand une minorité capable, dans ces différents genres, travaillera à la formation du système industriel, sous la direction administrative des industriels les plus importants, ce système s'organisera promptement, et il sera promptement mis à exécution.

D. *Passons à l'examen de la partie financière de votre entreprise, et dites-nous comment vous vous procurerez les fonds dont vous aurez besoin pour l'exécution d'un si grand projet.*

R. L'exposé de notre conception financière serait prématuré dans ce moment ; nous devons attendre pour le présenter que notre catéchisme ait fixé l'attention des industriels les plus importants : nous nous bornerons aujourd'hui à vous dire qu'en résultat de cette combinaison, on verra escompter à la Bourse l'avenir politique des industriels, de même qu'on y escompte à présent l'avenir féodal de l'Autriche, ainsi que l'avenir constitutionnel de l'Angleterrre et de la France.

D. *Il vous reste à nous parler de la conduite politique qui doit être tenue par la masse des industriels pendant le temps que demande l'execution de la grande entreprise que vous faites.*

R. Les industriels qui recevront ce catéchisme doivent le lire avec la plus grande attention ; ils doivent le communiquer aux industriels de leurs amis ; ils doivent en causer avec eux, discuter les idées et surtout les faits qui y sont exposés, et s'approprier le plus possible la doctrine qui y est professée.

D. *En admettant ce que vous venez de dire, il en résulterait que les industriels devien-*

draient totalement passifs en politique pour tout le temps qu'exigera la publication de votre doctrine, ce qui est monstrueux et absurde ; il est donc indispensable que vous nous disiez quel est celui des partis politiques existants que les industriels doivent soutenir, en attendant que la publication de votre doctrine leur ait procuré les moyens de se former en parti politique industriel, purement industriel, et bien distinct de tous les partis qui ont existé jusqu'à ce jour.

En nous résumant nous vous demandons quel est celui des partis politiques existants auquel les industriels doivent accorder leur appui.

R. C'est au Centre gauche et au Centre droit, considérés comme ne formant qu'un seul parti, que les industriels doivent accorder leur appui, par la raison que les actes de violence, que les coups d'État, sont les événements les plus à redouter pour les producteurs qui ne peuvent atteindre à leur but que par des moyens loyaux, légaux et pacifiques. Or, les membres du Centre gauche et ceux du Centre droit se montrent les plus pacifiques de tous les députés. Les députés les plus ambitieux, ceux qui répugnent le moins à l'emploi des moyens violents et des coups d'Étal, occupent l'Extrême gauche et l'Extrême droite.

D. *Maintenant, résumez-nous en peu de mots toutes les questions que nous avons discutées depuis le commencement de cet entretien.*

R. Voici la récapitulation, ou, si vous l'aimez mieux, le résumé général de notre entretien. Ce résumé sera suivi d'une conclusion. Ainsi, nous vous donnerons plus que vous ne nous demandez.

Il est évident que le régime industriel est celui qui peut procurer aux hommes la plus grande somme de liberté générale et individuelle, en assurant à la société la plus grande tranquillité dont elle puisse jouir.

Il est également évident que ce régime investira la morale du plus grand empire qu'elle puisse exercer sur les hommes, tout en procurant à la société en général et à ses membres en particulier le plus grand nombre possible de jouissances positives.

Il est évidemment aussi que la société ne peut pas être conduite du régime féodal au régime industriel par la routine, ces deux régimes étant radicalement distincts et même opposés. Le premier a tendu à établir entre les hommes la plus grande inégalité possible, en les séparant

en deux classes, celle des gouvernés et celle des
gouvernants ; en rendant le droit de gouverner
héréditaire, et en transmettant des pères aux
enfants l'obligation d'obéir [1].

Le système industriel est fondé sur le principe
de l'égalité parfaite ; il s'oppose à l'établissement
de tous droits de naissance et même de toute
espèce de privilége [2].

Il est évident que le régime industriel ne pouvant être introduit ni par le hasard, ni par la
routine, il a dû être conçu *à priori*, et que, par
conséquent, il a dû être inventé dans son ensemble, avant de pouvoir être mis à exécution.

Il est évident, enfin, par le fait de la production de ce catéchisme, que l'esprit humain s'est
élevé à la conception de l'ensemble du régime
industriel.

De ces évidences, nous tirons la conclusion
que la morale divine et humaine appelle les
hommes les plus distingués dans tous les genres
de capacité à réunir leurs efforts pour opérer
l'organisation du système industriel dans ses dé-

1. Ce premier système a rendu de grands services dans
les temps d'ignorance.
2. Ce régime est le seul qui puisse convenir à l'état présent des lumières et de la civilisation.

tails, et pour déterminer la société générale à le mettre à exécution ; nous tirons la conclusion que la classe industrielle étant celle qui produit toutes les richesses, et en même temps celle qui se trouve la plus intéressée à l'établissement du régime industriel, ce sont les industriels qui doivent payer volontairement toutes les dépenses que pourra exiger la transition du régime féodal, modifié par le régime constitutionnel, au système industriel pur.

D. Ce que vous venez de nous dire est très intéressant et très-séduisant. La série d'observations que vous nous avez présentée est très-claire et fort bien établie : la conséquence que vous en avez tirée s'en déduit bien naturellement ; en un mot, nous sommes violemment tentés d'adopter votre système, et nous l'adopterons certainement si vous vous trouvez en état de réfuter les quatre objections que nous allons vous faire.

Voici la première de ces objections, ou plutôt voici le premier point que nous vous prions d'éclaircir.

Le changement que vous proposez dans l'organisation sociale peut-il s'effectuer sans nuire à l'institution de la royauté ?

R. L'institution de la royauté a un caractère de généralité qui la distingue et la met au-dessus de toutes les autres institutions. Son existence n'est point liée au système politique actuel, à un système politique quelconque. Cette institution conviendra également à tous les systèmes d'organisation sociale dont les progrès de la civilisation pourront nécessiter l'établissement.

Que le roi de France déclare ou plutôt reconnaisse que les industriels forment la première classe de ses sujets, qu'il charge les industriels les plus importants de la direction de ses finances, il ne sera ni plus ni moins roi de France et des Français qu'il ne l'est aujourd'hui, la royauté étant indépendante de la classification des sujets. L'immense majorité de la nation se trouvant plus heureuse par l'effet de la diminution des impôts, et leur meilleur emploi, ce qui résulterait directement du fait que les industriels les plus importants seraient chargés de l'administration de la fortune publique, seront nécessairement plus attachés au Roi.

Ainsi le changement que. nous proposons n'est point hostile à l'égard de la royauté, de la légitimité et même du droit divin ; il tend, au con-

traire, directement à donner au Roi plus de tranquillité, et à lui procurer, par conséquent, plus
de bonheur positif.

Il est de la nature des choses que le Roi
prenne le titre de premier Français, de la première classe des Français; ainsi, Sa Majesté a
dû se dire premier gentilhomme, premier soldat
de son royaume, tant que la tendance de la nation a été principalement militaire; et, aujour-
d'hui que la nation s'active principalement dans
la direction industrielle, aujourd'hui que c'est,
essentiellement, par des travaux pacifiques
qu'elle s'efforce d'accroître sa prospérité, le seul
titre qui puisse convenir au Roi, est celui de
premier industriel de son royaume.

Nous ajouterons, à ce que nous venons de
dire, une observation très-importante: c'est que
la royauté, qui est l'organe de l'opinion publique,
que la royauté, dont la fonction sociale la plus
honorable consiste à proclamer l'opinion de la
majorité, n'a pas encore pu proclamer que la
classe industrielle est la première classe de la
nation, puisque les industriels n'ont point mani-
festé, jusqu'à présent, le sentiment de leur supériorité, puisqu'ils n'ont point émis l'opinion que
les plus importants d'entre eux sont les Fran-

çais les plus capables de bien diriger l'administration des finances. Le Roi, en prenant l'initiative à cet égard, se serait exposé à voir toutes les factions qui se disputent, aujourd'hui, l'administration des finances pour exploiter la nation à leur profit, se réunir contre lui, sans qu'il eût aucune force à leur opposer, aucun moyen de leur résister.

D'après l'explication que nous venons de vous donner, nous espérons que vous resterez entièrement convaincus que notre système n'est point offensif à l'égard de la royauté et qu'il n'est pas même improbatif de la conduite tenue par le Roi jusqu'à ce jour.

La vérité est, que le sort des industriels a été constamment dans leurs mains, depuis l'établissement du système de crédit, qu'il y est encore aujourd'hui, et que le jour où la classe des industriels manifestera le désir que la direction de la fortune publique soit confiée aux plus importants d'entre eux, la royauté, comme organe de l'opinion publique, s'empressera de proclamer que tel est le désir de la majorité et que la minorité doit s'y soumettre.

D. *Voici notre seconde objection:*

Avant que le Roi eût octroyé la Charte à la

nation, il lui était loisible de confier la direc-
tion de la fortune publique à des industriels,
de préférence à des individus pris dans les au-
tres classes de la société ; mais aujourd'hui que
la Charte a réglé la manière dont l'impôt doit
être voté, il faudrait que le Roi révoquât les
principales dispositions de la Charte pour qu'il
pût charger les industriels du soin de faire le
budget. Qu'avez-vous à répondre ?

R. Le Roi a accordé aux Chambres le droit
de discuter la loi des finances, et de voter l'emprunt, mais il s'est réservé l'initiative pour la
présentation de la loi des finances. Sa Majesté
peut faire faire le projet du budget par qui elle
veut ; en un mot, le Roi est le maître de confier
aux industriels les plus importants la haute direction de la fortune publique, maintenant même
qu'il a octroyé la Charte, puisqu'il peut légalement,
c'est-à-dire sans contrevenir à aucun article de
cette Charte, établir, par une simple ordonnance,
les mesures suivantes :

Le Roi peut créer une commission suprême
des finances et composer cette commission des
industriels les plus importants ; il peut super-
poser cette commission à son conseil des ministres ; il peut réunir cette commission tous les

ans, la charger de faire la proposition du projet de budget, et la charger également du soin d'examiner si les ministres ont employé convenablement les crédits qui leur auront été accordés par le budget précédent, et s'ils ne les ont point dépassés.

Ce faisant, Sa Majesté se trouverait avoir investi la classe industrielle de la haute direction de la fortune publique ; elle se trouverait avoir opéré la grande réforme, le changement radical que les progrès de la civilisation ont nécessité dans l'organisation sociale, puisque le système féodal se trouverait complétement anéanti, et le système industriel complétement établi ; puisque les industriels seraient placés en première ligne pour la considération et pour le pouvoir ; tandis que les nobles, les militaires, les légistes, les rentiers et les fonctionnaires publics ne jouiraient plus que d'une considération secondaire, et qu'ils n'exploiteraient plus que des pouvoirs subalternes.

D. *Il est certain que le Roi peut charger les industriels les plus importants du soin de faire le projet du budget ; mais les conséquences que vous prétendez devoir résulter d'une pareille* mesure ne nous paraissent point en être une suite nécessaire.

Songez donc que la Chambre des députés se compose, pour la très-majeure partie, de nobles, de militaires, de légistes, de rentiers et de fonctionnaires publics, en un mot, d'hommes intéressés à faire payer le plus possible à l'industrie, parce qu'une très-grande partie des sommes payées par les industriels entre dans leurs poches à titre d'appointements, de gratifications, d'indemnités, etc.

Songez que la Chambre des pairs se compose en grande partie des pensionnaires du Trésor public, et que les pairs sont par conséquent intéressés à l'accroissement des recettes, cet accroissement leur offrant la perspective d'une augmentation dans les traitements qu'ils reçoivent et qui leur paraissent trop mesquins.

Songez enfin qu'il y aurait presque unanimité dans les Chambres contre un projet de budget fait par des industriels, puisque ce projet tendrait directement à établir dans l'administration de la fortune publique l'ordre, l'économie et le bon emploi de l'impôt payé par la nation, impôt qui se trouve payé, pour la majeure partie, par la classe industrielle. Il *nous paraît certain que les vues bienfaisantes et paternelles du roi pour la nation seraient contrariées et même annulées par les Chambres. Qu'avez-vous à répondre ? Dites-nous si vous concevez un moyen de faire adopter par les Chambres un projet de budget fait par les industriels, sans avoir recours à quelque coup d'État, c'est-à-dire sans violer la Charte ?*

R. Les nobles, les militaires, les légistes et les rentiers n'entreprendront point de lutter contre le Roi uni aux industriels ; car le Roi uni aux industriels est une force cent fois et peut-être mille fois plus considérable que celle de toutes les autres classes de la société réunies, et les membres de la Chambre n'ont d'autre force positive que celle qui résulte pour eux de l'appui qu'ils trouvent dans les différentes classes qui composent la société. Le projet de budget fait par les industriels les plus importants sera admis sans difficulté par les Chambres, et le changement radical dans l'organisation sociale se trouvera effectué sans qu'il ait été commis aucune infraction à la Charte octroyée par le Roi à la nation. Au surplus, vous pouvez être tranquille relativement à la manière dont les fonctionnaires publics actuels, dont les nobles et

les bourgeois de toutes les classes seront traités
par les industriels chargés de faire le budget.
Les industriels répugnent à tout changement
brusque ; il est dans leur nature et dans
leurs habitudes politiques de n'opérer les ré-
formes que successivement, que très-lente-
ment ; mais ils sont persévérants, et une fois
qu'ils auront commencé l'exécution du plan de
réforme qu'ils concevront, ils y travailleront
sans relâche, jusqu'au moment où il seront
parvenus à établir l'administration de la fortune
publique sur le pied le plus économique possible.

En résumant nos réponses à vos deux premières objections, nous disons que nos idées ne
sont hostiles, ni à l'égard de la Charte, ni à l'é-
gard de la royauté, ni à l'égard de la légitimité,
ni à l'égard du droit divin.

D. *Nous vous proposons de borner ici notre
premier entretien. Plusieurs motifs nous engagent à vous faire cette proposition ; d'abord
nous vous ferons observer que les industriels
ont peu de temps à donner à la lecture, attendu
qu'ils sont fort occupés de leurs affaires personnelles ; ensuite nous vous dirons qu'ils sont
encore peu habitués à examiner des idées géné-*

rales. Ces deux motifs nous engagent à rendre nos dialogues les plus courts possible : à ces deux motifs s'en joint un troisième, c'est que les deux objections qu'il nous reste à vous faire sont d'une autre nature que les deux premières. Nous avons considéré jusqu'à ce moment la France, dans notre discussion, comme isolée, tandis que ses voisins excercent sur elle une grande influence. Nous aurons donc à examiner, par exemple, ses rapports avec l'Angleterre et ceux qu'elle a avec la Sainte-Alliance, ce qui devient une question différente à traiter.

Que pensez-vous de notre proposition ?

R. Elle nous paraît très-bien motivée, et nous l'acceptons. Nous bornerons donc ici notre premier entretien ; ce qui nous convient également sous cet autre rapport, que, si ce commencement de travail n'intéressait pas les industriels, il serait inutile de le continuer.

FIN DU PREMIER CAHIER

CATÉCHISME

DES

INDUSTRIELS

DEUXIÈME CAHIER

D. Passons à la troisième objection : à celle qui a pour objet de vous prouver que le système politique établi en Angleterre doit être adopté par la nation française préférablement à celui que vous proposez.

Nous vous demanderons d'abord si vous reconnaissez, si vous avouez que l'expérience est le meilleur guide que puissent suivre les nations de même que les individus.

R. Oui, nous le reconnaissons sans aucun doute, sans aucune restriction.

D. Dès le moment que vous admettez ce principe, il ne vous sera pas difficile de vous faire convenir que votre système ne vaut rien, puisqu'il se trouve en opposition avec le principe que vous venez d'adopter. Nous allons établir notre raisonnement à cet égard; vous le réfuterez ensuite si vous le pouvez.

Le peuple anglais est le plus riche et le plus puissant; il est celui de tous qui exerce la plus grande influence sur l'espèce humaine, et cependant il est loin de se trouver en première ligne pour la dimension du territoire de la mère patrie et pour l'importance de sa population. C'est en Angleterre que la classe la plus nombreuse est le mieux logée, le mieux nourrie et le mieux vêtue; c'est en Angleterre que les gens riches trouvent à se procurer le plus grand nombre d'objets confortables sur tous les points du territoire national; enfin, le peuple anglais jouit de presque tous les avantages qui sont l'objet de l'ambition des autres nations.

A quoi les Anglais doivent-ils principalement les avantages dont ils jouissent ? Il est incontestable que c'est à la forme de leur gouvernement, c'est-à-dire, à la supériorité de leur organisation sociale sur tous les sys-

tèmes politiques qui ont été mis en pratique
chez les autres peuples, jusqu'à ce jour.

Comparons maintenant la disposition politique qui sert de base à la constitution
anglaise, avec le principe que vous avez donné
pour fondement à votre système, et vous
reconnaîtrez qu'il existe une différence radicale entre les deux combinaisons.

Vous dites : L'administration de la fortune
publique doit être dirigée par les industriels
les plus importants, parce que la classe industrielle est la plus capable de toutes en administration.

Les Anglais disent : Ceux qui dirigent l'administration de la fortune publique, doivent
se proposer pour but principal de favoriser
le plus possible la classe industrielle, parce
que les travaux industriels sont la véritable
source de la prospérité publique ; mais les
industriels ne doivent point être chargés dé
l'administration de la fortune publique, parce
qu'ils n'ont pas les connaissances suffisantes
pour diriger cette administration, et que les
soins que cette administration exige les dé-
tourneraient de leurs travaux.

Et, en effet, ce sont en Angleterre les pairs

laïques, les évêques et les juges, dans la Chambre haute, les avocats, les rentiers et les militaires, dans celles des Communes, qui ont voix prépondérante dans l'administration de la fortune publique, puisqu'ils composent exclusivement la première Chambre et qu'ils sont en très-grande majorité dans la Chambre des Communes et dans le Conseil privé.

Nous concluons de ce que nous venons de dire, que votre système est en opposition avec la Constitution anglaise; qu'il est, par conséquent, en opposition avec la Constitution que l'expérience a prouvé être la meilleure, et que, par conséquent, il ne vaut rien. Qu'avez-vous à répondre?

R. Notre réponse, de même que votre demande, sera fondée sur des observations, c'est-à-dire, sur l'expérience.

Nous vous dirons donc : La série des observations faites sur la marche et sur les progrès de la civilisation, chez la société française actuelle, depuis son origine jusqu'à ce jour, que nous vous avons présentée dans le premier cahier, a constaté que la classe industrielle avait toujours acquis de l'importance et que les autres classes en avaient toujours perdu. De cette série de quatorze cents années d'expériences, nous déduisons la conséquence que la classe industrielle doit finir par parvenir au premier rang, que les industriels doivent obtenir, en résultat final des progrès de la civilisation, le premier degré de considération et de pouvoir : enfin, qu'il a toujours dû arriver une époque à laquelle les industriels les plus importants se trouveraient chargés de diriger l'administration de la fortune publique, etc.

Nous raisonnons ensuite, d'après cette conséquence qui est rigoureusement déduite de l'expérience, et nous disons : La révolution française ayant commencé plus d'un siècle après la révolution anglaise, ses résultats doivent être beaucoup plus favorables à la classe industrielle, et, par conséquent, beaucoup plus défavorables aux nobles et aux bourgeois que ne l'a été la révolution anglaise ; nous disons : La révolution anglaise a imposé aux nobles, aux légistes, aux militaires, aux rentiers et aux fonctionnaires publics, l'obligation de diriger les affaires de la nation dans l'intérêt de l'industrie ; la révolution française finira par anéantir l'institution de la nobless et par soumettre les légistes, les militaires, les rentiers et les fonctionnaires publics aux ordres des industriels.

Nous avons raisonné tous les deux d'après l'expérience; ainsi, nous avons agi conformément au principe que vous aviez posé et que nous avions admis; mais il y a, entre nos opinions, cette première différence, que la vôtre n'est fondée que sur une expérience partielle, sur l'expérience de ce qui s'est passé en Europe depuis la révolution d'Angleterre, tandis que nous avons donné pour base à la nôtre la plus grande série d'observations qui puisse être déduite de l'histoire des peuples modernes : il y a ensuite, entre nos opinions, cette seconde différence, c'est que vous avez considéré la révolution d'Angleterre, comme formant le dernier terme de la série des progrès de la civilisation sous le rapport politique; tandis que nous n'envisageons cette révolution et l'organisation sociale dont elle a déterminé la formation, que comme l'avant-dernier terme de la série des améliorations dont le régime social des peuples européens était susceptible.

En résultat des considérations que nous venons de vous présenter, nous maintenons notre système pour bon, et nous regardons votre raisonnement comme vicieux.

Vous reste-t-il quelque chose à dire à ce sujet? concevez-vous quelque autre moyen de soutenir votre troisième objection?

D. *Oui, certainement, nous avons les moyens de soutenir notre objection ; oui, nous sommes assurés de sortir victorieux de cette discussion. Ne nous attachons point aux mots, ne donnons point la première importance aux formes, occupons-nous principalement de l'examen du fond des choses.*

Vous prétendez que les membres de la société les plus capables de bien diriger l'administration de la fortune publique, sont les industriels les plus importants. Vous prétendez que si les industriels les plus importants étaient chargés de diriger les intérêts sociaux, la société jouirait de tous les avantages auxquels elle peut prétendre, qu'elle se trouverait gouvernée au meilleur marché possible, le moins possible, par les hommes les plus capables de bien administrer ses affaires, et de la manière la plus propre à maintenir la tranquillité publique. Nous admettons votre proposition, votre prin-

cipe, votre système, peu importe le nom qu'il vous plaira de donner à votre production, et nous vous disons : Votre système est admis en Angleterre, les Anglais l'ont mis en pratique ; ainsi vous devez penser que la nation française ne peut rien faire de mieux que d'adopter la constitution anglaise, que les Français doivent travailler à naturaliser chez eux cette constitution. Peu de mots suffiront pour prouver la justesse de cette assertion, c'est-à-dire, pour constater que le système industriel est établi en Angleterre.

L'administration de la fortune publique est dirigée en Angleterre par les lords ; car les lords dominent le pouvoir royal, et ils maîtrisent la Chambre des Communes : or, tous les lords sont intéressés pour des sommes plus ou moins considérables dans des entreprises de fabrication ou de commerce : donc, les lords sont des industriels, donc le système industriel est établi en Angleterre.

R. Le gouvernement anglais n'est point un gouvernement industriel ; c'est le gouvernement féodal modifié, autant qu'il pouvait l'être, dans la direction industrielle. Il s'est établi en Angleterre, un régime transitoire qui a préparé les voies, qui a procuré les moyens à la nation française et au surplus de la société européenne, de passer du système féodal au système industriel, du système de gouvernement au système administratif.

Voilà la manière dont les choses doivent être considérées ; quand elles sont envisagées autrement, l'esprit n'est point satisfait, et le sens le plus commun se révolte. Depuis plusieurs années, la Constitution anglaise est regardée en France comme un chef-d'œuvre, on en parle comme du plus haut degré de perfection auquel l'esprit humain puisse atteindre en politique ; cela prouve que la science politique est encore dans l'enfance ; cela prouve que les publicistes sont encore soumis à la routine ; cela prouve que leur esprit ne s'est point encore élevé à des considérations générales sur la marche de la civilisation ; et cela ne prouve pas autre chose. Dans la réalité, l'Angleterre ne possède point encore de constitution ; l'ordre de choses qui y est établi n'a point de solidité, de fixité, et n'est pas susceptible d'en acquérir. L'organisation sociale des Anglais a mis, en même temps, en activité, le principe féodal et le principe industriel ; or, ces deux principes étant de nature différente et même opposée, ces deux principes dirigeant, en même temps, la nation vers deux buts qui sont très-éloignés l'un de l'autre, il en résulte nécessairement que le peuple anglais est constitué dans un état de tiraillement. L'état politique de l'Angleterre est un état de maladie, un état de crise, ou plutôt, le régime sous lequel elle vit, est un régime transitoire ; sa Constitution, si vous voulez absolument que le peuple anglais en ait une, est une Constitution bâtarde.

D. *La maladie dont vous dites que le peuple anglais est attaqué, présente un cas pathologique entièrement neuf et dont il est nécessaire que vous nous donniez l'explication. Cette maladie est fort extraordinaire ; d'abord, sous le rapport de sa durée, car il y a déjà plus d'un siècle et demi qu'elle est commencée, et elle n'est pas encore terminée. Cette maladie est encore plus extraordinaire sous cet autre rapport, c'est que la prospérité sociale du peuple anglais a commencé en même temps que sa maladie politique, et que les avantages qu'il a obtenus sur les autres peuples ont toujours été en augmentant, à mesure que sa prétendue maladie a fait des progrès.*

Franchement parlant, messieurs les cate-

chiseurs, vous auriez grand besoin vous-mêmes d'être catéchisés. Vous voulez nous donner des leçons en politique, tandis que vous devriez vous occuper d'en prendre ; vous entreprenez de faire notre éducation, avant d'avoir pris la peine de faire la vôtre. Vous prétendez que l'Angleterre n'a point de constitution, que l'organisation sociale dans ce pays est bâtarde, que c'est un ordre de choses auquel les Anglais se sont trouvés conduits par la routine, et qui ne peut se maintenir que par l'effet des habitudes qu'ils ont successivement contractées ; un ordre de choses dont on ne peut pas se rendre un compte clair et satisfaisant ; un ordre de choses qui ne peut point s'etablir chez une autre nation ; un ordre de choses, enfin, qui ne peut pas devenir le type de réorganisation de la société européenne.

Nous vous répondrons à cela : Vous n'avez donc lu ni Montesquieu, ni Blackstone ; vous ne connaissez donc pas l'ouvrage de Delholme ; vous n'avez donc point étudié les beaux debats qui ont eu lieu, à plusieurs reprises differentes, dans le parlement d'Angleterre, sur la balance des pouvoirs ?

Lisez l'Esprit des Lois, et vous verrez que

les hommes n'ont jamais inventé que trois
formes de gouvernement, savoir : les gouvernements despotique, aristocratique et démocratique ; vous reconnaîtrez, en y réfléchissant, que ces trois formes de gouvernement
étaient les seules qui fussent inventables ;
enfin vous trouverez, dans une grande quantité
d'ouvrages des publicistes anglais et français,
la preuve que ces trois formes de gouvernement ont été admirablement combinées dans la
constitution anglaise, et qu'il résulte de cette
combinaison le meilleur gouvernement qui
puisse exister.

Maintenant que nous avons écrasé, anéanti
votre système, nous nous empressons de vous
dire que vous n'avez eu qu'un tort, celui de
vous être exagéré l'importance de vos idées.
Tous les matériaux que vous avez employés à
la construction de votre système sont bons ;
il n'y a que l'emploi de ces matériaux, que la
conception générale qui lie vos idées, que
nous ayons eu l'intention de critiquer. Certainement toutes les capacités doivent travailler au développement de l'industrie ; certainement les gouvernements doivent protéger
l'industrie, parce qu'elle est la source de

*toutes les richesses ; certainement les théo-
logiens doivent encourager l'industrie, parce
que les travaux utiles sont la source de toutes
les vertus, de même que l'oisiveté est la mère
de tous les vices ; certainement les législa-
teurs doivent faire les lois les plus favorables
à la production, parce que les nations les plus
laborieuses sont celles chez lesquelles la
tranquillité publique est la plus facile à maintenir ; mais vous n'auriez pas dû conclure de
là que la capacité industrielle devait diriger
toutes les autres capacités. En un mot, les
Anglais ont trouvé, ils ont fixé le véritable
point auquel il faut s'arrêter ; vous avez
perdu de vue dans vos travaux un proverbe
bien ancien, et qui s'applique parfaitement à
la circonstance présente :* LE MIEUX EST SOU-
VENT L'ENNEMI DU BIEN.

R. Ne chantez pas la victoire avant de l'avoir
remportée ; nous ne sommes pas encore arrivés
à la fin de la discussion C'est de ce moment
seulement qu'elle se trouve sérieusement engagée. Nous vous remercions infiniment de l'in-
dulgence que vous avez eu la bonté de nous
témoigner, à la fin de la vive sortie que vous
venez de faire contre notre système ; mais

nous n'éprouvons aucunement le besoin d'en profiter, nous nous sentons en état de repousser tous les traits que vous avez lancés contre nous.

Nous répondrons d'abord aux plaisanteries que vous nous avez faites sur la maladie politique dont nous avions dit que la nation anglaise est attaquée; car nous ne pouvons considérer que comme des plaisanteries les considérations que vous nous avez présentées à à ce sujet. Quant à nous qui n'avons point l'intention de traiter sur un ton badin la question la plus neuve et la plus importante qui puisse occuper dans ce moment l'esprit humain, nous vous dirons :

L'idée de maladie n'a joué qu'un rôle fort accessoire et très-secondaire dans le tableau que nous vous avons présenté de la situation politique du peuple anglais; l'idée principale, celle qui aurait dû fixer essentiellement votre attention, est celle de l'état de crise dans lequel la civilisation se trouve en Angleterre, depuis la révolution que ce pays a éprouvée à la fin du dix-septième siècle. Nous allons vous développer cette idée, puisque la simple énonciation n'a pas suffi pour vous la faire comprendre.

L'espèce humaine a été destinée, par son organisation, à vivre en société ;

Elle a été appelée d'abord à vivre sous le régime *gouvernemental* ;

Elle a été destinée à passer du régime gouvernemental ou militaire, au régime *administratif* ou *industriel*, après avoir fait suffisamment de progrès dans les sciences positives et dans l'industrie ;

Enfin elle a été soumise, par son organisation, à essuyer une crise longue et violente lors de son passage du système militaire au système pacifique.

Voilà les considérations les plus générales auxquelles l'esprit humain puisse s'élever relativement à la marche de la civilisation.

Nous allons maintenant faire application de cette observation générale sur la marche de la civilisation aux circonstances dans lesquelles se trouvent les Anglais. Mais pour que cette application soit précise et facile à saisir, il est nécessaire que nous commencions par constater l'état social actuel de la nation anglaise, sous le rapport de sa politique intérieure et sous celui de sa politique extérieure.

Quand on examine la politique intérieure de l'Angleterre, d'un point de vue assez élevé pour embrasser d'un seul coup d'œil l'ensemble des choses, on est frappé, dès le premier abord. de l'existence du phénomène le plus extraordinaire qu'on puisse concevoir dans ce genre ; on reconnaît que les Anglais ont admis en concurrence deux principes fondamentaux pour servir de base à leur organisation sociale ; on reconnaît que ces deux principes étant de nature différente et même opposée. il a dû en résulter, et qu'il en est résulté effectivement, que les Anglais se sont en même temps soumis à deux organisations sociales bien distinctes, qu'ils ont, dans toutes les directions, doubles institutions, ou plutôt qu'ils ont établi dans toutes les directions les contre-institutions de toutes les institutions qui étaient en vigueur chez eux avant leur révolution, et qu'ils ont conservées en très-grande partie.

Ainsi on remarque chez eux *la presse des matelots* co-exister avec la loi d'*habeas corpus ;* on voit un berger amener en même temps sur le marché, la corde au col, sa femme et une brebis. Il vend sa femme un schelling, sans être aucunement puni pour l'avoir avilie, en la traitant comme une brute, et il se voit condamné à cinq livres sterling d'amende s'il s'est conduit brutalement à l'égard de sa brebis. La ville riche, populeuse et essentiellement industrielle de Manchester n'a point de représentant dans le Parlement, tandis que tel lord, propriétaire du terrain sur lequel se trouvaient situés des bourgs qui ont été entièrement abandonnés, nomme à lui seul jusqu'à neuf députés qu'il emploie à soutenir ses intérêts féodaux, à accroître le plus possible son importance politique, et à se faire payer chèrement par le ministère aux dépens de la nation.

Cent volumes *in-folio,* du caractère le plus fin, ne suffiraient pas pour rendre compte de toutes les inconséquences organiques qui existent en Angleterre.

Si, de l'examen de la politique intérieure de l'Angleterre, on passe à celui de sa politique extérieure, on trouve les conséquences des vices d'organisation que nous venons de signaler ; on voit d'une part le gouvernement anglais déclarer que la souveraineté des mers lui appartient, et, en conséquence, soumettre tous les pavillons à sa visite, tandis que, par une autre mesure, il travaille, en même temps, à établir l'égalité entre les noirs et les blancs, en faisant cesser la traite des nègres.

On voit le gouvernement anglais soutenir en Europe le régime gouvernemental, tandis qu'il protège en Amérique le système d'organisation industrielle contre le système gouvernemental.

En un mot, la nation anglaise se trouve depuis longtemps dans un état de crise sous le rapport de sa politique intérieure, ainsi que sous celui de sa politique extérieure, et cette crise, à laquelle participent aujourd'hui tous les peuples qui habitent le continent européen, ainsi que le continent américain, est évidemment la crise que l'espèce humaine a été destinée, par son organisation, à essuyer lors de son passage du régime gouvernemental au système social industriel.

Voilà les considérations les plus générales que nous puissions vous présenter à l'appui de l'opinion que vous combattez depuis le commencement de ce second entretien ; maintenant nous vous sommons de convenir que nous avons raison, ou de reconnaître que vous êtes aveugles. Nous vous sommons, au nom du sens commun, de reconnaître l'exactitude des faits que nous vous avons présentés plus haut ; nous allons les reproduire pour rendre notre réfutation plus claire.

1° L'Angleterre n'a point de constitution, puisqu'une constitution est une combinaison d'organisation sociale, au moyen de laquelle toutes les institutions politiques d'une nation dérivent d'un même principe, et dirigent les forces nationales vers un même but, tandis que les institutions sociales anglaises sont de deux natures différentes, et qu'elles dirigent les forces nationales de ce peuple vers deux buts opposés.

2° L'organisation sociale anglaise, étant radicalement vicieuse, ne doit point être présentée à la nation française, comme un modèle qu'elle doit s'efforcer d'imiter le plus complétement possible ; et un état des choses révolutionnaire continuera nécessairement à durer en France, tant que les gouvernants et les gouvernés n'auront pas acquis des idées plus nettes sur les moyens qui doivent être employés pour établir un ordre social fixe et stable.

3° Enfin, la crise dans laquelle l'Angleterre et la France à sa suite se trouvent engagées, finira inévitablement par l'entier abandon du système féodal et par l'établissement exclusif du système industriel. Les nations qui passent aujourd'hui pour les plus civilisées, ne seront réellement sorties complétement de la barbarie, qu'à l'époque où la classe la plus laborieuse et la plus pacifique sera chargée de la direction de la force publique, et où la classe militaire sera complétement subalternisée.

D. Ne vous donnez pas tant de peine pour réfuter nos objections; ce n'est pas là le point important de votre affaire: il vous faut combattre le père de la science. Vous avez à prouver que l'opinion de Montesquieu est erronée: c'est le seul moyen que vous puissiez employer pour faire adopter votre système.

R. Les sciences font de continuels progrès. Aujourd'hui il n'y a pas un élève de l'École polytechnique qui ne résolve, avec la plus grande facilité, les problèmes de géométrie dont la solution à coûté les plus grands efforts de génie à Archimède, il n'y a pas un de ces élèves qui ne sache plus de choses en géométrie que ce génie prodigieux n'en a jamais sues.

Il y a plus d'un demi-siècle que l'*Esprit des Lois* a été publié. Depuis cette époque, il est arrivé l'événement politique le plus mémorable qui ait jamais eu lieu : celui de la révolution française. Ainsi nous pouvons raisonner sur des faits qui ont été entièrement inconnus à Montesquieu.

Montesquieu a été grand admirateur du régime social établi en Angleterre, et il a eu très-grande raison, car cet état de choses est incontestablement très-supérieur à tout ce qui avait existé auparavant; mais il ne faut pas en conclure que, si Montesquieu vivait aujourd'hui, il ne concevrait pas le moyen d'améliorer considérablement cet état de choses.

Les Anglais ont admis, ils ont inventé, comme nous l'avons déjà répété plusieurs fois, des institutions politiques ayant le caractère industriel, et ils les ont mises en regard, en opposition avec les anciennes institutions féodales qui existaient chez eux ; il en est résulté que le gouvernement féodal s'est trouvé chez eux beaucoup plus limité que chez les autres nations européennes.

La révolution française ne s'est effectuée que près d'un siècle après la révolution anglaise ; elle doit nécessairement donner pour résultat un perfectionnement de la constitution anglaise ; or, quand on réfléchit sur le perfectionnement dont la constitution anglaise est susceptible, on reconnaît, du premier coup d'œil, que la force industrielle qui s'est introduite dans 'organisation sociale anglaise, comme force imitant la force féodale, doit devenir en France la force dirigeante.

D. Vous nous avez dit que la nation anglaise se trouvait dans un état de crise et de maladie depuis la révolution qu'elle avait éprouvée à la fin du dix-septième siècle ; nous vous avons fait observer que la maladie dont vous prétendiez que le peuple anglais était attaqué, avait un caractère fort extraordinaire. d'abord par sa durée, puisqu'elle avait déjà plus d'un siècle et demi d'existence ; nous vous avons dit qu'elle était encore bien plus extraordinaire sous cet autre rapport, que la prospérité du peuple anglais avait commencé en même temps que sa maladie, et que sa prospérité n'avait pas cessé de faire des progrès depuis qu'il était tombé malade.

Là-dessus vous vous êtes échauffé, vous avez prétendu que l'idée de maladie n'était qu'accessoire, que l'idée principale était celle de crise ; vous vous êtes attaché à nous prouver que la nation anglaise était dans un état de crise, et que cette crise était celle qui devait faire passer cette nation, ainsi que l'espèce humaine, de l'état d'enfance à celui de nation et d'espèce jouissant de toutes ses facultés: mais vous ne nous avez pas dit un seul mot de la maladie que vous prétendez qu'elle éprouve.

Nous vous prions de répondre catégoriquement à cette demande : Dans votre opinion, l'état de crise entraîne-t-il celui de maladie, ou l'état de maladie est-il distinct de celui de crise? En un mot, quelle est la maladie dont le peuple anglais est attaqué ?

R. Les nations et les espèces, de même que les individus, éprouvent une crise lorsqu'elles passent de l'état d'enfance à celui d'être complet et jouissant de toutes ses facultés ; cette crise est plus ou moins longue, plus ou moins violente, plus ou moins pénible suivant les circonstances particulières où se trouvent les espèces, les nations ou les individus qui l'éprouvent. Certains individus passent cette crise sans tomber malades, d'autres sont attaqués des pâles couleurs.

En faisant application de ces généralités à la question qui nous occupe, nous vous disons, pour répondre catégoriquement à votre ques-

tion, que nous n'avions aucunement l'intention
d'éluder :

« L'espèce humaine est entrée dans sa crise
« de puberté ; c'est la nation anglaise chez la-
« quelle cette crise a commencé à se manifester
« clairement ; et cette nation, à l'occasion de
« cette crise, se trouve attaquée de la maladie
« nationale correspondante à celle à laquelle on
« a donné le nom de pâles couleurs, dans les
« individus. »

D. *Expliquez-nous en quoi consiste cette
maladie nationale ?*

R. Son premier symptôme est la corruption
dans les membres du gouvernement, avouée,
déclarée, proclamée par eux, et approuvée par
les gouvernés.

Un second symptôme, plus général que le
premier, est celui qui se manifeste quand une
nation se fait gloire d'être dominée par la passion de l'argent, et qu'elle commet, par cette
raison, l'erreur capitale de prendre le moyen pour
le but.

D. *Prouvez-nous que ces deux symptômes
se sont manifestés chez la nation anglaise.*

R. Un des ministres les plus célèbres que
l'Angleterre ait produits, a proclamé, discuté et

constaté, en plein Parlement, le fait que la corruption était un des éléments les plus importants qui fût entré dans la combinaison de l'organisation sociale britannique.

Voici l'anecdote, qui est réellement très-pi-
quante. C'était dans un moment où il n'existait
point de parti d'opposition dans la Chambre. Le
ministre prit la parole et il dit : « Si vous ne vous
hâtez pas de former un parti d'opposition, les
coffres du roi s'empliront, et notre constitution
se trouvera en péril, nos libertés seront compro-
mises. »

Si nous donnons un premier développement
à cette pensée, nous trouverons ce qui suit :

Tout bon Anglais, tout vrai Breton doit
se faire une conscience parlementaire absolument distincte et même diamétralement opposée à sa conscience ordinaire ; celui qui est
appelé à la Chambre des communes, doit s'opposer aux projets présentés par les ministres,
même dans le cas où il est convaincu que ces
projets sont bons et utiles à la nation, et il
doit persister dans son opposition, jusqu'à ce
point qu'il ait forcé le ministère à le payer chèrement pour le déterminer à changer de langage.
Et quand une fois il a vendu sa voix et son opi-

nion au ministre, il doit soutenir tous les projets qu'il présente, même quand il les juge
mauvais, c'est-à-dire, contraires aux intérêts de
la nation. Il y a cependant des bornes au dévoue-
ment que les membres du Parlement doivent au
ministère, en compensation des faveurs qu'ils
ont obtenues ; ils ne doivent jamais consentir à
laisser passer aucun bill qui tendrait à sous-
traire le ministère à l'obligation où il se trouve
de corrompre les membres du Parlement, pour
obtenir la majorité dans les Chambres.

Les lords, de même que les membres de la
Chambre des communes, doivent se faire une
conscience parlementaire, qui les porte à vendre
leur opinion au Roi ; mais il est conforme a la
dignité de la pairie qu'un lord se fasse payer
ordinairement en pouvoir plus qu'en argent.

Une chose très-essentielle à remarquer, c'est
que la pensée ministérielle que nous venons de
développer, n'a point déplu aux membre du Parlement, qu'elle n'a point choqué la nation, et
qu'elle a mérité au contraire au ministre qui
l'a produite, la réputation d'un politique très-
profond, réputation dont il jouit encore dans ce
moment en Angleterre.

Si, des considérations sur la conduite des

membres composant la Chambre haute et la Chambre basse, nous descendons à l'examen de la conduite tenue par les électeurs dans leurs fonctions électorales, nous ne trouverons pas moins de corruption dans les élections, que dans les Chambres. Il n'est pas rare qu'il en coûte à un candidat ou à ses amis, pour obtenir son élection, cent, deux cent, trois, quatre ou même cinq cent mille francs ; quelquefois les élections de M. Fox ont coûté beaucoup plus cher.

Si enfin nous examinons la morale privée qui est admise couramment par la nation anglaise, nous en trouverons le caractère fortement prononcé par une expression qui est généralement reçue en Angleterre. Quand un Anglais dit qu'un homme vaut tant, cela signifie qu'il possède la somme désignée, et cela ne signifie pas autre chose. Dans le jugement général que les Anglais portent sur les hommes, ils ne font entrer en considération que la fortune qu'ils possèdent; ils font entièrement abstraction de toutes les autres facultés ou capacités.

Nous croyons avoir suffisamment établi le fait que la nation anglaise est attaquée de la maladie nationale qui correspond à celle des pâles couleurs dans les individus; et nous passons à l'examen d'un autre fait, qui n'est pas moins important. Le voici :

La nation anglaise n'a point conscience de sa maladie; elle se croit, au contraire, dans le meilleur état de santé politique possible : elle pousse à cet égard l'erreur jusqu'à ce point, qu'elle considère les symptômes de sa maladie comme des preuves de santé. Ainsi nous voyons les Anglais se targuer des vices de leur organisation sociale, et les présenter avec confiance comme des chefs-d'œuvre en combinaisons politiques. La manière dont le parti ministériel et le parti de l'opposition tripotent entre eux les intérêts nationaux, de manière à prélever sur les gouvernés un double droit de commission, excite leur admiration; tandis que cela devrait être pour eux un objet de pitié et de mépris.

L'Angleterre, admirant son organisation sociale, se trouve dans le cas absolument semblable à celui où serait une jeune personne rongée de pâles couleurs, qui serait enchantée de son teint jaune, et qui prétendrait que le jaune est la couleur de peau qui sied le mieux à une femme; que c'est celle qui constitue la beauté, qu'elle est la preuve la plus complète d'une bonne santé.

D. *Comparaison n'est pas raison ; mettez de côté votre idée des pâles couleurs nationales, et raisonnons directement sur les faits importants que nous examinons.*

Nous vous accordons pour le moment, et sauf à revenir plus tard sur la question, en vous la présentant sous une autre face :

1° Que les Anglais n'ont point de constitution, et que leur organisation sociale actuelle n'a d'autre mérite que celui d'avoir régularisé la crise politique dans laquelle ils se trouvent engagés ;

2° Que l'organisation sociale anglaise est un état de choses au moyen duquel les frottements entre les rouages qui composent le mécanisme politique ont été multipliés autant que possible ; d'où il résulte que les inconvénients inhérents aux institutions féodales qui sont restées force directrice, sont considérablement diminués ;

3° Que l'admiration des Anglais pour leur organisation sociale, qu'ils regardent comme un chef-d'œuvre, est de leur part une erreur ridicule.

Après vous avoir accordé tout cela, nous vous prions de nous dire ce que les erreurs politiques du peuple anglais peuvent faire à la nation française.

R. Les erreurs politiques du peuple anglais seraient sans inconvénients pour la nation française, si la nation française prenait la peine d'examiner ses affaires avec ses propres yeux, et de les juger avec la capacité politique qui lui est personnelle ; si elle étudiait convenablement ses précédents, en cherchant à découvrir les moyens qu'elle possède, pour arriver au but auquel elle désire atteindre, en continuant la route qu'elle a suivie jusqu'à ce jour ; si elle s'était fait, en un mot, une opinion politique qui fût véritablement à elle, et si elle n'avait pas, au contraire, pris les Anglais pour guides dans la recherche des moyens qu'elle doit employer pour établir chez elle une organisation sociale, proportionnée à l'état de ses lumières et de sa civilisation.

Commençons par arrêter nos idées sur la marche que les Français devraient suivre en politique ; il nous sera facile ensuite d'apprécier à sa juste valeur celles qu'ils ont adoptée.

Guizot a établi, d'une manière claire, précise

et irréfutable, les faits suivants, dans ses *Essais sur l'histoire de France et d'Angleterre.*

Il a prouvé :

1° Que les institutions primitives des nations française et anglaise avaient été différentes ;

2° Que ces institutions ne s'étaient point modifiées de la même manière dans les deux pays, et que les progrès de la civilisation avaient eu chez les deux peuples des caractères bien distincts ;

3° Que la royauté avait toujours acquis de la force en France, tandis qu'en Angleterre c'était la pairie qui était devenue l'institution la plus importante.

Guizot a conclu de ces trois grands faits que les Français ne devaient pas user des mêmes moyens et procéder de la même manière au perfectionnement de leur organisation sociale.

En développant la conclusion de cet excellent publiciste, nous disons : C'est l'institution de la royauté qui doit être perfectionnée en France ; c'est l'institution de la pairie qui doit être reconstituée en Angleterre. En France, la royauté doit se revêtir du caractère industriel et abandonner complétement le caractère féodal ; tandis qu'en Angleterre c'est la pairie, avant toute autre

institution, qui doit se dépouiller entièrement
du caractère féodal, pour prendre l'allure industrielle.

En considérant de ce point de vue, qui est
le seul bon, la marche que les Français suivent
depuis la Restauration, époque qui a terminé
leurs extravagances révolutionnaires, nous trouverons qu'elle a été et qu'elle est fausse, mauvaise : en un mot, complétement erronée, et
cela de la part des gouvernants de même que de
celle des gouvernés : puisque les uns et les autres se sont mis à s'extasier d'admiration pour
l'organisation sociale anglaise ; puisque les uns
et les autres laissent dominer leur intelligence
par les principes de politique adoptés en Angleterre.

*D. Ce que vous venez de nous dire exige
plusieurs éclaicissements.*

*Nous vous prions d'abord de nous prouver
que la nation française se laisse dominer,
comme vous le prétendez, par les idées anglaises relativement à sa politique.*

R. Cette preuve nous sera très-facile à vous
fournir ; car le fait suivant est généralement
connu, et il se renouvelle tous les jours : c'est
que les partis politiques en France luttent entre

eux à coup de constitution anglaise ; c'est que le côté gauche, le côté droit, le centre droit, ainsi que le centre gauche, appuient leurs opinions d'exemples pris dans ce qui s'est passé en Angleterre ; c'est que le grand argument du ministère, pour soutenir la proposition qu'il compte faire de la septennalité, est que cette mesure a été adoptée par les Anglais.

Une réflexion qui se présente naturellement à cette occasion, c'est que l'engouement des Français pour l'organisation sociale anglaise, doit être bien grand, puisqu'ils ne s'aperçoivent pas que la facilité trouvée par tous les partis de citer des exemples en faveur de leur opinion dans la conduite politique, tenue par les Anglais depuis leur révolution, est la preuve la plus complète qui puisse exister, que l'organisation sociale anglaise est une agglomération de principes et de mesures incohérents ; qu'ainsi il y a quelque chose d'humiliant pour la nation française à la considérer comme un modèle à suivre.

D. *Revenons à la question précédente : elle est importante, elle est neuve, elle est très-satisfaisante pour l'amour-propre national ; ainsi elle mérite, sous tous les rapports, d'être approfondie, d'être examinée avec le plus grand soin. Il faut présenter les idées neuves bien des fois, et sous bien des formes différentes, pour les faire adopter. Ayez la complaisance de nous reproduire votre opinion, en changeant seulement la manière d'exprimer vos idées.*

R. Nous allons vous satisfaire :

« Tous les peuples de la terre tendent vers un
« même but; le but vers lequel ils tendent est
« celui de passer du régime gouvernemental,
« féodal, militaire, au régime administratif, in-
« dustriel, pacifique ; c'est-à-dire : chacun d'eux
« s'efforce de se débarrasser des institutions
« dont l'utilité n'est qu'indirecte, pour établir
« celles qui serviraient le plus directement le
« bien public, et qui donneraient toujours gain
« de cause aux intérêts de la majorité, contre
« les intérêts particuliers.

« Chaque peuple a adopté une allure qu lui
« est personnelle, chacun d'eux s'est ouvert
« une route particulière pour atteindre ce but.

« Les peuples européens se sont plus rap-
« prochés de ce but que les autres peuples de la
« terre; ce sont les nations française et anglaise
« qui en sont aujourd'hui les moins éloignées [1].

1. Beaucoup de personnes s'imaginent que les Américains

« Pour se rapprocher de ce but, les Français
« ont perfectionné le système monarchique,
« tandis que les Anglais ont créé le système
« parlementaire ; le peuple français est essen-
« tiellement royaliste, tandis que le peuple an-
« glais, qui est essentiellement parlementaire,
« est toujours en défiance à l'égard de la royauté.

« Cette différence provient de ce que les rois
« de France se sont ligués avec les industriels
« contre la noblesse, tandis qu'en Angleterre,
« ce sont les nobles qui se sont ligués avec les
« industriels contre la royauté. »

D. *Donnez-nous, en peu de mots, une idée
bien nette de la manière dont s'effectuera le
grand changement politique qui doit faire
passer l'espèce humaine du système gouvernemental au régime industriel.*

*Dites-nous quelle est la première, quelle est
la seconde nation, chez lesquelles ce changement commencera à s'effectuer.*

sont plus avancés en politique que les Européens : elles se
rompent. Il n'est pas difficile de maintenir l'ordre entre un
petit nombre d'hommes essentiellement cultivateurs, et ré-
pandus sur un vaste territoire. La grande difficulté consiste
à faire vivre dans l'aisance un grand nombre d'hommes sur
un petit terrain. Nous traiterons plus tard directement cette
question.

R. La première nation chez laquelle ce changement commencera à s'effectuer, sera celle où il s'opérera, d'une manière pacifique, un mouvement, dont le résultat sera que l'institution la plus importante, que l'institution qui exerce la plus grande influence sur l'administration de la fortune publique, prendra le caractère industriel et se dépouillera du caractère gouvernemental.

D. *Quelle est de toutes les nations européennes, de toutes les nations du globe, celle chez laquelle ce changement peut s'opérer avec le plus de facilité?*

R. C'est la nation française.

D. *Qu'est-ce qui donne à la nation française cet avantage-là sur les autres?*

R. C'est que la noblesse, qui est la seule institution intercalée entre le roi de France et les industriels, ne possède plus de force réelle, puisqu'elle n'est plus prépondérante par ses propriétés, et que l'opinion populaire ne lui est plus favorable; de manière qu'il n'existe point, en France, d'obstacle important à l'union de la royauté avec la classe industrielle, et que cette union s'effectuera nécessairement, parce que c'est l'intérêt du Roi, de même que celui des industriels, de s'unir intimement.

D. *Mais résultera-t-il de l'union du Roi de France avec les industriels, que la royauté française aura pris le caractère industriel, et qu'elle se sera dépouillée du caractère gouvernemental ?*

R. Très-certainement; car c'est une conséquence directe de l'union du roi de France avec les industriels, que Sa Majesté compose son conseil suprême, principalement d'industriels; que le budget soit conçu principalement par les industriels, etc.

D. *Après la nation française, quelle est celle qui passera la première du régime gouvernemental au régime industriel ?*

R. Ce sera la nation anglaise.

D. *Dites-nous pourquoi ce ne sera qu'après la nation française, que la nation anglaise déterminera chez elle le changement politique nécessaire pour passer du régime gouvernemental au régime industriel ; et ne perdez pas de vue que vous ne sauriez motiver trop fortement votre réponse, puisque votre manière de voir à cet égard se trouve en opposition directe avec l'opinion publique de France, d'Angleterre et du monde entier, qui regarde la nation française comme étant, sous le rapport politique, très en arrière de l'Angleterre.*

R. Les lords sont parvenus à dominer la royauté, il n'ont laissé au Roi que le décorum de la royauté; mais c'est dans la réalité eux qui exploitent le pouvoir royal à leur profit, c'est-à-dire, au profit de la féodalité. Ainsi l'institution politique prépondérante en Angleterre, celle qui exerce la plus grande influence sur l'administration de la fortune publique, celle qui donne l'impulsion à tout le mécanisme politique, c'est la pairie. Or, il est bien plus difficile de changer le caractère féodal des lords en caractère industriel, que d'opérer ce changement pour la royauté. D'où il résulte que le gouvernement français doit prendre le caractère industriel avant le gouvernement anglais.

Le roi de France devenant industriel, c'est-à-dire, chargeant les industriels les plus importants de faire le budget, ne perdra personnellement rien, aucune de ses jouissances individuelles ne sera diminuée ; ce sera uniquement sur ses courtisans et sur les fonctionnaires publics, incapables ou inutiles, que portera la réforme. En Angleterre, au contraire, la pairie étant l'institution la plus importante, puisque les pairs exploitent le pouvoir royal, la réforme porterait précisément sur ceux entre les mains desquels se trouve le pouvoir, et qui ont un très-grand intérêt à s'opposer à ce changement.

Les lords prélèvent, en leur qualité de lords, et toute capacité à part, une somme énorme en *sinécures*, en appointements, en pensions, gratifications, etc., sur la nation, c'est-à-dire, sur la classe productive ou industrielle. Si on ajoute au prélèvement pécuniaire, fait par les lords sur la classe industrielle, le prélèvement qu'ils font sur elle en pouvoir, en considération, en importance sociale, on reconnaîtra que les industriels anglais éprouvent encore, d'une manière très-positive et très-importante, les inconvénients du régime gouvernemental ou féodal.

De ce que nous venons de dire, nous concluons que le régime industriel doit s'établir en France avant qu'il soit adopté en Angleterre, parce que les industriels français sont plus fortement stimulés à son établissement, et que les membres de la féodalité ont moins de moyens de résistance en France qu'en Angleterre ; notre opinion à cet égard deviendra plus claire, lorsque nous comparerons les moyens à employer en France et en Angleterre pour y établir le régime industriel.

D. Quand le changement qui doit faire passer la nation française du régime gouvernemental au régime industriel, commencera-t-il à s'effectuer ?

R. Il n'est pas possible d'en assigner l'époque d'une manière précise; mais il est évident qu'elle ne peut pas être éloignée maintenant; que le moyen d'établir en France un état politique, calme et stable, est trouvé; car les honnêtes gens (qui, quoi qu'on en puisse dire, forment l'immense majorité parmi les gouvernés et même parmi les gouvernants), sont las de la révolution; ils désirent ardemment sortir des écueils au milieu desquels le vaisseau de l'État navigue depuis plus de trente ans, et ils sont disposés à faire les plus grands sacrifices pour établir un état de choses calme, stable; un état de choses qui fasse la désolation des intrigants et qui les force à devenir des hommes laborieux et pacifiques.

D. Remarquez donc que même en admettant que le moyen proposé par vous pour établir un ordre de choses calme et stable, soit bon, qu'il soit le meilleur pour atteindre à ce

but; qu'il soit, en un mot, d'un succès infail-
lible, il reste toujours certain qu'il faudra
beaucoup de temps pour le faire connaître,
beaucoup de temps pour qu'il puisse être ap-
précié, jugé, et que les intéressés soient par-
venus à un point de conviction suffisant pour
se déterminer à le mettre à exécution.

R. Ce moyen est si facile à exposer, qu'il n'y a pas un ouvrier qui ne soit en état de l'expliquer à ses camarades, et le pur et simple bon sens suffit pour le juger complétement; ainsi nous persistons dans l'opinion émise ci-dessus: que l'époque à laquelle commencera le changement qui doit faire passer la nation française du régime gouvernemental au régime industriel, ne peut pas être éloignée.

D. *Dites-nous maintenant comment ce char-*
gement commencera à s'effectuer; dites-nous
qu'est-ce qui le provoquera, qu'est-ce qui le
revêtira d'une forme légale ?

R. Ce sera la classe industrielle qui le provoquera, ce sera le Roi qui le revêtira d'une forme légale; disons plus, ce sera le Roi qui l'effectuera par une simple ordonnance.

D. *Quel langage les industriels tiendront-ils*

au Roi ? sous quelle forme les industriels présenteront-ils leurs idées à Sa Majesté ?

R. Les industriels doivent mettre aux pieds du trône un placet dans lequel ils s'expriment à peu près de la manière suivante :

« SIRE,

« Depuis Hugues Capet jusques et compris le
« règne de Louis XIV, il a existé une coalition
« très-active contre la noblesse, entre les Rois
« vos ancêtres et les industriels nos devanciers.
« Les efforts ont été bien combinés, les forces
« ont été de part et d'autre bien employées et,
« en résultat, le but s'est trouvé complétement
« atteint à la fin du règne de Louis XIV. De-
« puis cette époque la noblesse n'a plus eu dans
« l'État d'existence qui lui soit personnelle ;
« l'importance que les nobles ont conservée
« depuis cette époque, a été uniquement fondée
« sur les fautes politiques commises d'une part
« par la royauté, qui leur a confié les emplois
« publics les plus importants et les plus lucra-
« tifs, et de l'autre par les industriels qui leur
« ont donné d'immenses richesses, en leur sa-
« crifiant, par une vanité mal entendue, leurs
« filles et le produit de leurs travaux.

« Sire,

« Depuis la fin du règne de Louis XIV jus-
« qu'à ce jour, de grandes fautes politiques ont
« été commises, d'une part, par la royauté, d'une
« autre par l'industrie. Les premières erreurs,
« pendant ce laps de temps, ont été celles des
« rois ; ce sont ensuite celles des industriels
« qui ont eu le plus d'inconvénients. Depuis la
« fin du règne de Louis XIV, jusqu'à la mort
« de Louis XV, c'est la royauté qui a eu les
« plus grands torts ; depuis l'avénement au
« trône du vertueux Louis XVI, ce sont les
« industriels qui ont le plus de reproches à se
« faire.

« Après la mort de Louis XIV, qu'est-ce que
« la royauté aurait dû faire ?

« La royauté aurait dû organiser le régime in-
« dustriel. Le Roi aurait dû prendre le titre de
« premier industriel de son royaume ; il aurait
« dû confier aux industriels les plus importants
« la haute direction de la fortune publique, en
« les réunissant tous les ans pendant quelques
« jours pour faire le budget.

« Après la mort de Louis XIV, qu'est-ce que

« la royauté a fait, jusqu'à l'avénement au trône
« du malheureux Louis XVI?

« Le régent d'abord et Louis XV ensuite ont
« considéré la royauté comme une sinécure;
« ils ont cru qu'ils n'avaient pas autre chose à
« faire dans ce monde que de jouir de la vi ;
« ils se sont composés des harems, comme s'ils
« avaient été schas de Perse ou empereurs des
« Mogols; et, par l'effet d'un vertige inconce-
« vable et d'un aveuglement complet sur les vé-
« ritables intérêts de la royauté, ils ont fait force
« dépenses dans aucun but d'utilité et ils se
« sont amusés tant qu'ils ont pu, avec les nobles
« vaincus, aux dépens des industriels vain-
« queurs.

« SIRE,

« C'est surtout aux rois que la connaissance
« de la vérité est utile. Nous espérons que
« Votre Majesté daignera excuser la franchise
« avec laquelle nous venons de nous exprimer
« sur la conduite de la royauté, depuis la mort
« de Louis XIV, jusqu'à l'avénement au trône du
« vertueux Louis XVI; elle va voir au surplus
« que nous ne sommes pas moins sévères pour

« nos devanciers et pour nous, que pour les au-
« gustes chefs de la nation.

« Ici va commencer le chapitre de nos aveux ;
« c'est du présent que nous allons parler. Tous
« les événements que nous allons récapituler se
« sont passés sous les yeux de Votre Majesté,
« et l'ont profondément affligée.

« Votre auguste frère monte sur le trône ; il
« s'empresse de proclamer que son intention
« est de réparer les fautes commises par la
« royauté sous Louis XV et sous le Régent, et
« qu'il désire gouverner la nation dans l'intérêt
« de la majorité de ses sujets. Ce bon prince se
« montre sévère dans ses mœurs, économe pour
« toutes ses dépenses personnelles ; il appelle à
« haute voix le conseil et l'appui des honnêtes
« gens, pour seconder ses bonnes intentions.

« La classe industrielle tout entière aurait dû
« répondre, avec empressement, à ce généreux
« appel ; mais, au lieu de remplir ce devoir et
« d'agir dans cette occasion importante confor-
« mément à ses intérêts, en appuyant de toutes
« ses forces les projets philanthropiques du Roi,
« elle reste froidement spectatrice de la lutte
« qui s'engage entre ce généreux Monarque
« d'une part, les courtisans et les privilégiés de

« l'autre : le Roi combattant pour la nation et la
« Cour défendant les abus.

« Louis XVI soutient bravement cette lutte
« pendant douze ans : il appelle au ministère le
« philanthrope Turgot, le banquier Necker il
« sollicite et obtient l'amitié et toute l'affection
« du respectable Malesherbes, qui l'aide de ses
« conseils ; et enfin n'étant point soutenu par la
« classe industrielle, c'est-à-dire, par la nation,
« il se trouve forcé de déclarer qu'il existe un
« déficit de cinquante-six millions qu'il ne trouve
« pas le moyen de combler. Il assemble les no-
« tables, puis il forme une cour plénière, et,
« après ces deux tentatives inutiles, il convoque
« les États Généraux.

« La classe industrielle aurait dû se présenter
« dans cette importante circonstance ; elle au-
« rait dû commencer par combler ce déficit ; elle
« aurait dû ensuite dire au Roi : Pour qu'il ne se
« forme plus de nouveau déficit, il n'existe
« qu'un seul moyen, c'est celui de changer la
« classification de vos sujets. Ceux qui versent
« le plus d'argent au trésor royal et qui en reti-
« rent le moins, doivent être appelés au premier
« rang ; c'est à eux que Votre Majesté doit con-

« fier la haute direction de l'administration de la
« fortune publique.

       « Sire,

    « Votre vertueux frère aurait certainement
« accueilli avec empressement cette loyale
« proposition ; alors la révolution n'aurait
« pas eu lieu ; alors il se serait opéré un
« grand bien qui aurait coûté fort peu de
« peine, et qui n'aurait occasionné aucun mal ;
« tandis que la révolution a fait acheter, par
« beaucoup de maux, le bien qu'elle a produit.
    « Au lieu de faire ce qu'elle aurait dû, ce que
« nous venons de dire, la classe industrielle,
« considérant la royauté comme faisant corps
« avec la noblesse, se réjouit de voir l'em-
« barras dans lequel le Roi se trouve, et, ou-
« bliant que le trésor royal est en même temps
« le trésor national, elle lui refuse tout crédit.
    « Les États Généraux se réunissent, ils se
« forment en Assemblée constituante. L'Assem-
« blée constituante démolit pièce à pièce toutes
« les parties du pouvoir royal, et, après avoir
« mis le généreux Louis XVI dans l'impos-
« sibilité de se défendre personnellement, et de

« garantir la nation de l'action des intrigants,
« elle se retire en donnant à ses travaux le
« titre pompeux de Constitution, et en forçant le
« Roi à jurer de maintenir cette prétendue
« Constitution.

« L'Assemblée législative succède immédia-
« tement à l'Asssemblée constituante. Cette As-
« semblée, dont la très-grande majorité se com-
« pose de légistes, de littérateurs, de docteurs
« en *us* de toutes les classes, ayant la tête exal-
« tée par l'histoire des Grecs et des Romains, ne
« rêve que république.

« La Convention succède à l'Assemblée lé-
« gislative ; elle complète les fautes commises
« par l'Assemblée constituante et par l'Assem-
« blée législative ; elle anéantit en même temps
« le malheureux, le généreux philanthrope
« Louis XVI, et la royauté qui était l'institution
« fondamentale de l'organisation sociale fran-
« çaise ; elle remplace le régime monarchique
« par le régime républicain, elle établit la répu-
« blique la plus démocratique qui ait jamais
« existé, une république tellement démocra-
« tique, que ce sont les hommes de la classe
« la plus pauvre et la plus ignorante qui exer-
« cent la plus grande influence : en un mot, la

« Convention constitue légalement l'anarchie la
« plus complète.

« La classe industrielle aurait dû chasser
« l'Assemblée constituante, imposer silence aux
« docteurs en *us* de l'Assemblée législative et
« placer la moitié des membres de la Convention
« à Bicêtre et l'autre moitié à Charenton.

« La classe industrielle aurait dû rendre au
« bon Louis XVI toute son autorité, l'aug-
« menter en débarrassant la royauté de l'in-
« fluence exercée sur elle par les courtisans et
« par les privilégiés, et en la déterminant à
« charger du soin de faire le budget, ceux qui
« versent le plus dans le trésor public et qui en
« tirent le moins.

La classe industrielle n'a pas suivi cette con-
« duite, et elle en a été sévèrement punie ; car
« la loi du maximum a ruiné tous les entrepre-
« neurs de travaux industriels.

« Bonaparte ensuite relève le trône ; il s'y
« asseoit, il se met une couronne sur la tête, et
« un sceptre à la main. Les industriels auraient
« dû s'opposer à l'envahissement de la royauté
« française ; car un usurpateur ne peut pas être
« fondateur d'une monarchie industrielle : il a
« besoin de la force pour se maintenir, il ne

« peut établir que le régime militaire. Les in-
« dustriels ne l'ont pas fait, ils ont payé chère-
« ment cette faute : la brûlure des marchan-
« dises anglaises a détruit une grande partie de
« leurs capitaux.

« Quand Votre Majesté est rentrée en
« France et qu'elle est remontée sur son trône,
« les industriels auraient dû s'offrir d'eux-
« mêmes à remplir tous les engagement con-
« tractés à l'égard des étrangers ; ils auraient
« dû, en outre, mettre à votre disposition une
« somme considérable pour vous donner les
« moyens de récompenser et de dédommager
« les fidèles qui vous avaient suivi. Vous n'au-
« riez certainement pas trouvé mauvais qu'ils
« vous priassent en même temps de supprimer
« les titres féodaux devenus tout à fait ridicules
« et inutiles depuis que la classe industrielle a
« prouvé qu'elle possède toute l'énergie néces-
« saire pour empêcher les étrangers d'envahir
« le territoire. Vous auriez certainement con-
« senti à laisser faire le projet de budget par
« les Français qui versent les plus grosses
« sommes dans le trésor public, et qui en tirent
« le moins ; car ces Français, qui sont les en-
« trepreneurs des travaux industriels les plus

« importants, sont, en même temps, ceux de
« vos sujets qui ont le plus de capacité en ad-
« ministration.

« Si les choses s'étaient passées ainsi, la
« monarchie industrielle se serait trouvée cons-
« tituée à l'instant même de votre rentrée en
« France.

« La classe industrielle ne s'étant point portée
« de son propre mouvement au devant de Votre
« Majesté, lors de sa rentrée en France, et ne
« lui ayant point offert franchement le soutien
« dont l'ancienne royauté avait besoin au mo-
« ment de son rétablissement, vous avez dû,
« Sire, chercher dans les gouvernants ce que
« vous ne trouviez pas dans la classe qui forme
« le véritable corps de la nation ; vous avez dû
« reconnaître les deux noblesses ; vous avez dû
« multiplier les places dans l'administration de
« la fortune publique ; vous avez dû, en un mot,
« augmenter considérablement les charges que
« nous supportions avant la révolution ; juste
« punition de la faute politique que nous avons
« commise, en ne nous montrant pas franche-
« ment royalistes-bourbonnistes, ainsi que nous
« aurions dû le faire.

« Il nous reste encore un aveu à faire. Cet
« aveu terminera notre confession.

« En 1817, Votre Majesté s'est aperçue que
« l'ancienne noblesse cherchait à reconquérir
« l'importance dont elle jouissait autrefois en
« France ; qu'elle travaillait à établir sa domi-
« nation sur la royauté, et à remplacer le ré-
« gime monarchique par un système aristocra-
« tique ; vous avez fait appel à la classe indus-
« trielle en déclarant par une ordonnance que
« les patentes seraient considérées comme im-
« pôt direct. Il est évident que, dans cette cir-
« constance, nous n'aurions dû porter à la dépu-
« tation que de francs royalistes, que des roya-
« listes-bourbonnistes ; que nous aurions dû
« choisir les députés dans nos rangs, c'est-à-dire,
« parmi ceux qui versent beaucoup d'argent dans
« le trésor public et qui n'en retirent rien. Mal-
« heureusement plusieurs de nous ont donné
« leurs voix à des hommes qui n'avaient pas
« rendu justice au bien intentionné Louis XVI ;
« d'autres ont appelé à la députation de zélés
« partisans du fils de Bonaparte, et presque
« tous ont appuyé les prétentions de candidats
« beaux parleurs qui se soucient fort peu de ver-
« ser de l'argent dans le trésor public, et qui

« ambitionnent d'en tirer le plus possible en ap-
« pointements, pensions, gratifications, etc.

« Cette dernière faute nous a fait perdre le peu
« de considération politique que nous avions
« acquise ; elle a été cause de l'accroissement
« rapide des dépenses publiques (qui montent
« aujourd'hui à un milliard par année), en for-
« çant Votre Majesté à augmenter la force du
« ministère, à accroître le nombre et l'impor-
« tance des fonctionnaires publics, puisque c'est
« seulement dans les gouvernants que la royauté
« et les Bourbons trouvent de véritables sou-
« tiens.

« Oui, nous l'avons reconnu et nous le con-
« fessons dans ce moment : la vérité est que
« nous devons faire à nous-mêmes une grande
« partie des reproches que nous avons adressés
« jusqu'à présent à la royauté, aux Bourbons et
« particulièrement à la Cour. Au surplus, nous
« possédons une qualité qui est inhérente à
« notre nature, qui prend tous les jours plus de
« développement, et qui nous garantit que nous
« pourrons réparer toujours toutes les fautes
« que nous avons commises: c'est que nous
« sommes essentiellement laborieux, et que
« nous avons par conséquent une supériorité

« réelle et positive sur les nobles et sur les
« courtisans, quelle qu'ait été leur naissance.

« Il y a, en un mot, cette différence entre
« notre existence politique et celle des Bour-
« bons : c'est que nous sommes certains d'arriver
« au premier rang social et que les Bourbons
« ont l'intérêt le plus pressant à consolider
« promptement leur trône, en fondant la monar-
« chie industrielle.

« Sire,

« Depuis cent ans, il y a eu en France de
« grandes fautes politiques commises d'un côté
« par la royauté et de l'autre par les industriels ;
« mais ces fautes, quelque grandes qu'elles
« aient été, n'ont pu anéantir les précédents de
« la nation française, ni changer ses destinées
« politiques. Depuis quatorze cents ans, la na-
« tion française vit sous le régime monarchique ;
« depuis que votre auguste dynastie est montée
« sur le trône, jusqu'à la mort de Louis XVI,
« les Bourbons et les industriels ont été ligués,
« d'abord contre les grands vassaux, ensuite
« contre les petits vassaux et enfin contre les
« privilégiés de toute espèce.

« La nation française est appelée par ses pré-
« cédents à vivre sous le régime monarchique
« industriel.

« La royauté ne cessera pas d'éprouver du
« malaise, et la classe industrielle, c'est-à-dire,
« la nation, ne cessera pas d'être mécontente du
« gouvernement, tant que la monarchie indus-
« trielle ne sera pas constituée.

« Rien ne peut s'opposer à l'établissement
« de la monarchie industrielle en France, si
« d'une part les industriels français et de l'au-
« tre la maison de Bourbon veulent constituer
« cette forme de gouvernement.

« Quelles sont les classes qui pourraient s'op-
« poser à l'établissement de la monarchie in-
« dustrielle en France? L'ancienne noblesse est
« incontestablement celle qui aurait le plus de
« moyens d'entraver cette grande opération po-
« litique, par la raison que l'appui de toutes les
« noblesses européennes lui donne encore une
« grande force. Mais, d'une part, cette force est
« très-inférieure à celle des Bourbons et des in-
« dustriels coalisés pour atteindre à un but d'u-
« tilité commune ; d'une autre part, les anciens
« nobles ont conservé de la générosité dans les

« sentiments et ils consentiront, beaucoup plus
« facilement qu'on ne l'imagine en général. à
« l'établisssement d'un ordre de choses qui as-
« surerait la tranquillité intérieure et la pros-
« périté de la nation française. Les anciens no-
« bles se sont gendarmés contre toute innova-
« tion politique ; ils travaillent de toutes leurs
« forces au rétablissement de l'ancien régime
« parce qu'ils ont été révoltés des atrocités com-
« mises pendant la révolution, parce que tous
« ceux qui ont dirigé jusqu'à ce jour le mouve-
« ment national d'innovation, ont été des intri-
« gants ou des fous ; qu'aucun d'eux n'a mérité
« leur estime : qu'aucun d'eux n'a présenté des
« idées nettes sur la forme du gouvernement
« qui convenait à l'état présent de la civilisation ;
« qu'aucun d'eux ne leur a démontré qu'il résul-
« terait pour la nation un grand avantage de la
« suppression de la noblesse. Ce qui les a sur-
« tout gendarmés et avec grande raison, a été la
« création d'une nouvelle noblesse.

« Quant à la nouvelle noblesse, elle n'est ni
« aimée ni estimée de la nation ; elle n'a de par-
« tisans et d'amis ni au dehors, ni au dedans ;
« c'est une institution mort-née, dont l'exis-
« tence a commencé hier et qui cessera demain ;

« elle n'a aucun moyen de s'opposer à l'établis-
« sement de la monarchie industrielle.

. « Les bourgeois, c'est-à-dire, les légistes qui
« ne sont pas nobles, les militaires qui sont ro-
« turiers, les propriétaires qui ne sont pas in-
« dustriels, ont beaucoup plus de force que la
« nouvelle noblesse ; mais ils n'ont de force
« réelle qu'en se combinant avec l'ancienne no-
« blesse dont ils sont une émanation : ils n'ont
« point de caractère politique qui leur soit pro-
« pre, ils sont dans la réalité une noblesse au
« petit pied ; leur existence comme corporation
« politique ne peut pas se prolonger au delà
« de celle de la véritable noblesse.

« L'armée se compose aujourd'hui de soldats
« qui ne montrent aucun goût pour l'état mili-
« taire, de soldats qui, par leurs mœurs et leurs
« habitudes, sont essentiellement industriels ;
« ainsi ce ne seront pas eux qui chercheront à
« s'opposer à l'établissement de la monarchie
« industrielle. Il n'y a donc, dans l'armée, que
« les officiers qui puissent désirer que la pro-
« fession militaire continue à être plus con-
« sidérée et plus avantagée par l'organisation
« sociale, que la profession industrielle.

« Sire,

« La Monarchie française a dû être essen-
« tiellement militaire jusqu'à la mort de
« Louis XIV ; c'est-à-dire, la première classe
« de l'État a dû se composer d'hommes princi-
« palement militaires, et secondairement indus-
« triels ; parce que, jusqu'à cette époque, le
« but de la nation était essentiellement celui
« des conquêtes.

« Depuis Louis XIV jusqu'à ce jour, la mo-
« narchie française n'a pu être qu'un gouver-
« nement bâtard ; la classe militaire avait perdu
« sa prépondérance, la classe industrielle n'a-
« vait pas encore établi la sienne. Ce temps ,
« n'a point cependant été perdu pour les pro-
« grès de la civilisation ; c'est pendant ce siècle,
« dont les événements ne sont pas possibles à
« bien analyser, parce qu'ils sont trop em-
« brouillés, que s'est opérée la transition de la
« monarchie militaire à la monarchie indus-
« trielle.

« Dans l'état présent de la civilisation, la mo-
« narchie industrielle est la seule qui puisse
« convenir à la nation française, la seule qui
« puisse acquérir de la solidité en France,

« parce que le but de la nation est celui de
« prospérer par des travaux pacifiques, d'où il
« résulte, que la première classe dans l'État
« doit être principalement industrielle, et que
« les occupations militaires ne doivent être,
« pour cette première classe, que des occu-
« pations secondaires et accidentelles ; qu'elles
« ne doivent avoir lieu que dans le cas d'en-
« vahissement du territoire, et seulement jus-
« qu'à l'expulsion de l'étranger.

   « SIRE,

« Le nom de monarchie constitutionnelle,
« donné à votre gouvernement, suffit pour faire
« connaître la situation politique actuelle de la
« France ; cette épithète de constitutionnel qui
« est horriblement métaphysique, désigne un
« état d'organisation social bâtard, un état so-
« cial dans lequel les faiseurs de phrases et les
« *écrivassiers* forment la classe dominante, et
« en effet la pauvre nation française et sa pau-
« vre royauté ont été dévorées par eux pendant
« tout le dix-huitième siècle ; et, depuis près de
« quarante ans, l'*avocacerie* (1), qui est la quin-

1. Par *avocacerie,* nous entendons ici les raisonnements
des avocats sur les matières politiques.

« l'essence du *parlage* et de l'*écrivasserie*,
« domine la royauté et la nation.

« Il est temps, Sire, de terminer la grande
« transition politique qui occupe la nation et la
« royauté françaises depuis plus d'un siècle, il
« est temps de proclamer le régime industriel,
« la monarchie industrielle.

« Nous tous, abonnés à la profession de l'in-
« dustrie, nous qui sommes plus de vingt-cinq
« millions d'hommes en France, nous jurons de
« défendre, à la vie et à la mort, l'institution
« de la royauté en France et la dynastie des
« Bourbons, contre toute entreprise qui pourrait
« être machinée, tant au dedans qu'au dehors,
« contre cette institution ou contre cette dy-
« nastie.

« Et nous supplions très-respectueusement
« Votre Majesté de former une commission des
« industriels les plus importants pour les char-
« ger du soin de faire le budget. »

Ce placet doit être signé par tous les Français dont l'importance ou l'existence dépend des
succès qu'ils obtiennent dans les travaux industriels qui les occupent; c'est-à-dire, il doit être
signé par plus de vingt-cinq millions d'hommes
en France.

D. *Si ce projet de placet n'a été conçu par vous que comme une supposition, nous l'approuvons infiniment; car cette supposition vous a donné les moyens d'exposer vos idées avec beaucoup de clarté, de fermeté et de rapidité; mais si vous présentez aux industriels ce projet comme un projet sérieux, comme un projet que vous les engagiez à exécuter, vous vous trompez dans votre attente; car il les effrayera, et cela les empêchera de devenir des partisans de votre système.*

R. Nous ne nous dissimulons point que les industriels ont été, jusqu'à ce jour, excessivement prudents en politique, et qu'ils n'ont montré encore aucune hardiesse sous ce rapport; c'est ce qui fait que, jusqu'à ce jour, il n'y a point eu encore de parti politique industriel; c'est ce qui fait que les industriels, n'ayant encore été que spectateurs dans les luttes politiques, ont toujours été les victimes; ils ont été victimes des jacobins, ensuite victimes de Bonaparte; et, depuis la restauration, ils sont la proie que se disputent entre eux les ultra, les libéraux et les ministériels. Dans toutes les directions possibles, ceux qui sont prudents, et qui n'ont point de hardiesse, sont nuls; car la prudence n'a de valeur que dans le cas où elle se combine avec la hardiesse.

D. La vérité est que l'éducation des industriels en politique est à faire, et vous leur donnez des conseils qui ne pourront leur convenir qu'après leur éducation terminée.

R. Nous avons reconnu que l'éducation politique des industriels était à faire, et c'est parce que nous avons senti profondément cette vérité que nous avons entrepris la publication d'un catéchisme des industriels. Ainsi nous sommes parfaitement d'accord sur ce point; mais il paraît que nous n'avons pas la même manière de voir relativement à la conduite qui doit être tenue dans l'éducation politique de la classe industrielle.

Donner aux élèves le sentiment de leur valeur, leur inspirer de la confiance dans leurs moyens, nous paraît la première chose dont on doive s'occuper quand ce ne sont pas des enfants qu'on instruit, mais que ce sont des personnes faites à qui on offre des conseils.

Exercer les élèves d'abord à la pratique, et ne leur parler des théories qu'à l'occasion de la pratique qu'ils exercent, est un second principe qui nous a paru essentiel à suivre.

Enfin, et pour ne pas prolonger davantage cette discussion épisodique, nous vous dirons que notre intention est de constituer, le plus promptement possible, le parti industriel et que le moyen le plus certain pour cela est celui de déterminer les industriels à manifester directement au Roi, et sans employer aucun intermédiaire, leurs désirs politiques.

Rentrons dans la discussion commencée : elle a pour but de déterminer laquelle des deux nations, anglaise ou française, est la plus près du but politique vers lequel tend toute l'espèce humaine : celui de passer du régime gouvernemental au régime industriel ; elle a pour but de mettre en évidence les différents moyens que ces nations doivent employer pour atteindre à ce but. C'est là précisément le point de l'examen où nous en étions : continuons cet examen, sans changer la direction que nous lui avons donnée. Vous regarderez à votre choix le projet de placet comme une fiction ou comme une réalité, comme une chose qui ne peut être exécutée que dans dix ans, ou comme une chose qui doit s'exécuter demain ; mais continuons à le considérer, dans cette discussion, comme un projet sérieux.

D. *Il est certain que si ce placet était signé*

par toutes les personnes livrées à la profession industrielle en France, il produirait un grand effet politique; nous sommes même persuadés que dans ce cas il serait favorablement accueilli par Sa Majesté. Mais la grande difficulté dans cette affaire n'était pas de rédiger le placet; elle consiste à le faire signer par tous les intéressés; car s'il n'était signé que par un petit nombre de personnes, il n'aurait qu'une valeur philosophique, et il produirait peu d'effet.

R. Vous mettez la charrue avant les bœufs. La plus grande difficulté dans cette affaire consistait à concevoir et à coordonner les idées qui sont exposées dans ce placet; le faire signer n'est qu'une difficulté très-secondaire.

Une compagnie de banquiers égale, semblable à toutes celles qui se sont présentées, dans ces derniers temps, pour faire les divers emprunts que le gouvernement a proposés, réussirait plus facilement à faire signer le placet par tous les industriels de France, que les compagnies preneuses d'emprunts n'ont réussi à réaliser ces emprunts.

La classe industrielle, comme nous l'avons dit dans notre premier cahier, est complétement

organisée au moyen de la Banque qui lie entre
elles toutes les branches de l'industrie, au moyen
des banquiers qui lient entre eux les industriels
de tous les genres ; de manière que tous les efforts des industriels peuvent facilement se combiner, pour atteindre à un but d'intérêt qui leur
est commun. Les chefs de l'industrie, c'est-à-
dire les industriels les plus importants, n'ont
point encore tiré parti, en politique, des avantages qui résultent pour eux de l'organisation de
la classe industrielle. Nous leur offrons, dans
cette occasion, le moyen d'user de tous les avantages que cette organisation leur donne, pour
atteindre au plus grand but politique auquel ils
puissent prétendre, celui d'établir le régime industriel ; et nous ne doutons pas qu'ils ne la sai-
sissent avec empresement.

D. *Mais la loi ne défend-elle pas les péti-
tions collectives ? Les procureurs du roi ne
pourront-ils pas s'opposer à la signature de
votre placet par les personnes intéressées à
le présenter ?*

R. Tous les Français ont le droit de soumettre
au Roi, individuellement et collectivement, toutes
les idées qu'ils jugent utiles pour la prospérité
de l'État, pourvu que l'exposé de leurs désirs

soit revêtu des formes convenables ; une loi qui
interdirait la communication directe des sentiments et des pensées entre le Roi et ses sujets,
serait une loi monstrueuse et dégradante pour le
trône, de même que pour la nation. Au surplus,
il n'y a pas même besoin que le placet soit signé
pour que le but soit atteint : il suffit pour cela
que tous les industriels l'aient lu et qu'ils décla-
rent publiquement qu'ils adoptent les idées qui
y sont contenues, et qu'ils sont convaincus que
le seul moyen par lequel le Roi puisse assurer
la tranquillité en France, et donner à la prospérité nationale tout le développement dont elle est
susceptible, consiste à charger une commission
composée des industriels les plus importants, du
soin de faire le projet de budget. Il résultera
nécessairement de cet accord dans l'opinion politique des industriels, un bruit public si fort et
un désir national si fortement prononcé, et si
bien précisé, que les efforts des ministres et des
courtisans pour empêcher l'attention de Sa Majesté de se fixer sur cette opinion, seraient tout
à fait insuffisants.

Quant à la peur que vous voulez nous faire des
procureurs du Roi, nous vous dirons que nous
avons de fortes raisons pour croire qu'ils ne sont

pas mal disposés à l'égard de nos idées ; car elles portent le cachet du royalisme le plus pur, d'un royalisme beaucoup mieux précisé que celui des ultra, qui ne sont, dans la réalité, que des partisans du système aristocratique par droit de naissance.

D. *Passons à l'examen de ce qui concerne l'Angleterre, et dites-nous par quel moyen les Anglais peuvent établir chez eux le régime industriel ?*

R. Pour que les Anglais établisssent chez eux le régime industriel pur, sans user pour cela de moyens violents, il faut que leur Parlement rende une loi qui abroge les substitutions ; il faut qu'il en rende une autre qui mobilise les propriétés territoriales.

D. *Il nous paraît impossible que le parlement d'Angleterre consente à rendre ces deux lois ; car ce parlement, ainsi que vous l'avez établi, est soumis à l'influence de la pairie. Les lords dominent, d'une part, le pouvoir royal, et, de l'autre, la Chambre des Communes ; et ces lois étant contraires à leurs intérêts féodaux, qui sont plus importants pour eux, et qui leur sont plus chers que leurs intérêts industriels, ils empêcheront nécessairement qu'elles ne soient rendues.*

En un mot, l'adoption ne nous paraît pas pouvoir être obtenue par des moyens loyaux et pacifiques, puisque les lords possèdent le pouvoir de s'y opposer, et qu'eux seuls auraient une autorité suffisante pour les faire passer. Nous concluons de ce que nous venons de dire que l'Angleterre ne peut arriver au régime industriel par qu'au moyen d'une insurrection.

R. Il n'y a pas de doute que les Français ne puissent établir chez eux le régime industriel beaucoup plus facilement que les Anglais, puisqu'une simple ordonnance du Roi suffit pour l'établir en France ; mais nous n'en concluons pas qu'une insurrection soit indispensablement nécessaire pour l'établir en Angleterre.

La noblesse anglaise est de toutes les noblesses d'Europe la plus instruite ; elle est celle qui connaît le mieux l'importance de l'industrie ; il n'y a pas un lord qui ne soit plus ou moins intéressé pécuniairement dans des entreprises industrielles. Ajoutez à cela que le peuple anglais a un amour-propre national qui le porte à ne se laisser devancer par aucun peuple, et, d'après ces raisons, vous penserez comme nous, que peu de temps après l'exemple que les Français auront donné de l'établissement du système industriel, tous les Anglais, presque sans exception, mettant, dans cette circonstance, leurs intérêts particuliers à part, travailleront d'un commun accord à l'établir chez eux.

D. *En récapitulant et en complétant l'opinion que vous avez émise dans le présent entretien, nous trouvons ce qui suit :*

1° L'espèce humaine a toujours tendu vers le but de l'établissement politique du système industriel.

2° Chaque peuple a suivi une route différente, et a adopté une allure particulière pour se rendre à ce but.

3° Les nations française et anglaise sont celles qui se trouvent les plus rapprochées du but. La nation anglaise en paraît beaucoup plus près que la nation française ; mais c'est une illusion, la nation française en est réellement beaucoup moins éloignée.

4° En France, une simple ordonnance du Roi qui chargerait les industriels les plus importants du soin de faire le projet de budget, suffirait pour établir le régime indus-

triel, et cette ordonnance serait certainement obtenue, si la classe industrielle, qui se compose en France de plus de vingt-cinq millions d'hommes, suppliait le Roi de considérer que cette mesure assurerait la tranquillité du trône et la prospérité de la nation.

5° Quand la nation française aura établi chez elle le régime industriel, la nation anglaise ne tardera pas à suivre son exemple.

6° Quand le régime industriel sera établi en Angleterre et en France, tous les malheurs que l'espèce humaine était destinée à éprouver lors de son passage du régime gouvernemental au régime industriel, seront terminés: toutes les forces gouvernementales existantes sur le globe se trouvant inférieures à la force industrielle constituée en France et en Angleterre, la crise se trouvera terminée, parce qu'il n'y aura plus de lutte, et tous les peuples de la terre, sous la protection de la France et de l'Angleterre unies, s'élèveront successivement et aussi promptement que l'état de leur civilisation le permettra, au régime industriel.

Puisque vous êtes convaincus de la justesse de ces six assertions, ce que vous avez de *mieux à faire, c'est d'employer toutes vos forces et tous vos moyens pour déterminer les industriels français à présenter au Roi le placet dont vous avez conçu le projet, cette démarche devant, par un enchaînement d'événements successifs, effectuer la plus grande amélioration dont le sort de l'espèce humaine soit susceptible.*

D. Ouï, certainement, le premier et le principal but de tous nos travaux est de déterminer tous les industriels de France, c'est-à-dire, plus de vingt-cinq millions d'hommes, c'est-à-dire l'immense majorité de la nation, à demander au Roi, d'un commun accord et par un placet signé d'eux tous, de charger les industriels les plus importants du soin de faire le budget.

Parce que nous sommes convaincus que cette mesure ferait cesser le régime du parlage et de l'*avocasserie* sous lequel nous vivons aujourd'hui, régime bâtard qui a succédé au régime militaire, régime ruineux, puisqu'il a déjà élevé le budget à la somme énorme d'un milliard.

Parce que nous sommes également convaincus que, cette mesure plaçant dans les mains des véritables faiseurs en prospérité nationale, la haute direction de la fortune publique, le sort de la nation française s'améliorera avec toute la rapidité possible.

Après avoir acquis cette conviction, une seconde question s'est présentée à nous : *Quels sont les meilleurs moyens à employer pour déterminer les industriels à faire cette demande à Sa Majesté ?*

Nous avons reconnu que deux principaux moyens devaient être employés : que, d'une part, nous devions prouver aux industriels que cette mesure leur procurerait tous les avantages sociaux auxquels ils pourraient prétendre ; que cette mesure n'aurait aucun inconvénient, parce qu'ils sont plus capables qu'aucune autre classe de la société de bien administrer la fortune publique ; que, d'une autre part, nous devions faciliter, autant que possible, aux industriels, les moyens de faire cette demande en nombre suffisant pour fixer l'attention de Sa Majesté.

Nous avons également reconnu que nous devions employer alternativement ces deux moyens jusqu'à ce que le succès de notre entreprise ait couronné nos travaux.

Conformément à cette marche adoptée, nous vous prions, maintenant que nous venons de présenter le projet de placet au Roi, de reprei-

dre la discussion qui nous occupait. Nous exa-
minerons, si vous le voulez bien, de nouveau, si
effectivement il est désirable, pour le bien de la
majorité de la nation, que la classe industrielle
devienne la première classe, que les industriels
les plus importants soient chargés par le Roi du
soin de faire le projet de budget ; nous examine-
rons de nouveau si la France doit effectivement
préférer l'établissement du système industriel à
l'acoption de l'organisation sociale anglaise, en
ayant toujours soin de manifester dans toute notre discussion le plus grand respect pour la
royauté, pour la légitimité et pour la Charte.

Après cette autre discussion, nous examine-
rons de nouveau comment les industriels peuvent s'y prendre pour faire leur demande au Roi
en nombre suffisant pour fixer l'attention de Sa
Majesté. Nous prouverons que si les industriels
existant dans Paris signaient tous le placets
dont nous avons donné le projet, cette mesure,
dont l'exécution est d'une excessive facilité, suffirait pour atteindre au but.

AVIS

A MESSIEURS LES CHEFS DE MAISONS INDUSTRIELLES

MESSIEURS,

Nous vous invitons tous à vous procurer notre ouvrage le plus promptement possible, et à le communiquer à vos subordonnés, cette production ne pouvant être utile que dans le cas où elle sera très-généralement répandue dans la classe industrielle.

Nous vous ferons observer, Messieurs, que le produit de vos travaux sera la proie que se disputeront et que dévoreront tous les partis politiques qui existeront, tant que vous ne formerez pas un parti politique pour le défendre contre la rapacité des consommateurs non producteurs.

Nous vous ferons observer ensuite que la production d'un écrit qui proclame les principes et les opinions du parti industriel, est pour vous le seul moyen qui existe de vous constituer solidement en parti politique.

C'est au moyen de la publication du *Conser-*

vateur que s'est formé le parti ultrà qui est aujourd'hui triomphant, au point qu'il arrache au ministère à peu près toutes les concessions qu'il désire, mais qui est peu redoutable, parce qu'il n'a derrière lui que la domesticité des nobles et que les nobles qui figurent à la tête de ce parti ne possèdent aucune capacité positive.

La *Minerve* a été le moyen de formation du parti libéral actuel, parti qui, fort heureusement, est aujourd'hui complétement battu ; car, s'il avait réussi dans ses projets, il aurait fait rentrer la France en révolution ; mais qui a joué, pendant quelques moments, un rôle très-important.

Messieurs, nous nous présentons avec infiniment plus de confiance que le *Conservateur* et la *Minerve* n'ont jamais pu le faire, parce que c'est un système que nous produisons, que c'est le seul système politique qui puisse rétablir la tranquillité en France, que c'est le seul qui puisse accélérer, autant que possible, la prospérité publique et la tranquillité du Roi ; que c'est un système enfin qui aura décuplé la consommation peu d'années après son adoption, par l'aisance qu'il répandra dans la classe laborieuse.

MESSIEURS,

En résumant cet avis, nous vous invitons à combiner vos forces avec celles des publicistes ; c'est par l'union de votre capacité pratique avec leur capacité théorique que vous parviendrez à mettre le produit de vos travaux à l'abri de la rapacité des consommateurs non producteurs.

Voici un projet d'association entre vous et les publicistes. Il est le produit de quarante-cinq ans de méditation sur ce sujet. Il mérite de fixer toute votre attention, en même temps que celle des publicistes, ainsi que des savants et artistes de toutes les classes.

Au moyen de cette association, les affaires publiques se trouveront dirigées par des professeurs en industrie ou en science, tandis qu'elles ne sont actuellement conduites que par des amateurs, et, en effet, les préfets, les ministres même ne sont que des amateurs en administration, puisque c'est toujours la nation qui paie leurs erreurs de calcul et leurs mauvaises combinaisons. La vérité est que les industriels sont les seuls professeurs en administration, parce qu'il n'y a qu'eux qui aient appris à leurs propres dépens à bien administrer.

UNION GÉNÉRALE

DES CAPACITÉS INDUSTRIELLES ET SCIENTIFIQUES.

(L'objet de cette union est l'établissement du régime industriel.)

———

Les industriels et les publicistes forment deux comités séparés.

Le comité des industriels administre les fonds de la société.

Les travaux que les publicistes désirent publier sont soumis à l'examen de ce comité, et ne peuvent point être imprimés sans son consentement.

Les industriels fondateurs pourront s'associer tous les industriels qu'ils jugeront à propos de s'adjoindre, et les admettre d'emblée dans leur comité.

Le comité des publicistes fera un premier examen des travaux scientifiques qui auront pour objet l'établissement du système industriel.

Ce comité jugera ces travaux en première instance, c'est-à-dire : il les rejettera, ou bien il les présentera au comité des industriels pour en obtenir la permission et les moyens de les faire imprimer.

Tous les savants, artistes et littérateurs de France et des pays étrangers seront invités par la société à lui communiquer ceux de leurs travaux qui auront pour objet l'établissement du système industriel.

Tout auteur dont les travaux auront été admis par le comité des publicistes, et adopté par le comité des industriels, sera de droit et dès ce moment membre du comité des publicistes.

PREMIER APPENDICE

SUR DUNOYER

ET SUR LES AUTRES PUBLICISTES MODERNES.

—————

D. *M. Dunoyer, qui était un des auteurs du Censeur, vient de publier une brochure vraiment remarquable, et qui a fixé l'attention des meilleurs esprits. Cette brochure porte le titre suivant :*

DU DROIT DE PÉTITION A L'OCCASION DES ÉLECTIONS.

Nous désirons savoir ce que vous pensez de cette production.

R. Nous avons lu cette brochure avec beaucoup d'attention, et nous pensons qu'elle contient sur la politique des idées plus neuves et meilleures qu'aucune de celles présentées depuis plusieurs années par les publicistes, tant en France qu'en Angleterre. Mais les idées de M. Dunoyer sur la politique ne nous paraissent pas complètes, et la lacune que nous y avons remarquée, pourrait, à ce qu'il nous a paru, entraîner de graves inconvénients si elles étaient adoptées avant d'être complétées.

D. *Dites-nous séparément ce que vous approuvez et ce que vous improuvez dans la brochure de M. Dunoyer, et commencez par nous faire connaître sous quel rapport elle vous paraît mériter l'éloge que vous en faites.*

R. Nous recommencerons par citer trois idées que M. Dunoyer a exprimées avec beaucoup de force et de clarté.

1° A la page 14 de sa brochure :

« Il n'y a jamais réellement que notre volonté
« qui nous protége : les chartes octroyées
« peuvent être révoquées ; les droits reconnus
« peuvent être méconnus ; cela seul nous est
« acquis, cela seul nous est assuré que nous
« sommes en général disposés à défendre. Si
« dans la masse des biens dont nous jouissons,
« il est des choses sur lesquelles nous ne per-
« mettions pas à l'autorité d'y porter la main,
« nous pouvons dire que celles-là sont à nous,
« mais celles-là seulement. Toutes les autres
« sont au pouvoir, quoi qu'en disent les lois qui
« nous les garantissent ; toutes les autres sont

« au pouvoir, puisqu'il pourrait nous en dépouil-
« ler sans aucun péril. »

La seconde idée qui nous a frappé se trouve
au bas de la page 9; il est bien entendu que c'est
sous le rapport de son importance que nous regardons cette idée comme la seconde.

« La France n'a-t-elle donc que la voie des
« élections pour faire connaître au roi ses vrais
« sentiments?

« Elle en a une autre sans doute; elle en a
« une qu'on ne peut ni fermer ni fausser, et qui,
« au besoin, peut lui tenir lieu de toutes les
« autres : elle a la voie de la plainte ; cette voie
« est toujours ouverte à tout le monde; elle est
« aussi légale que la voie des élections; elle est
« beaucoup plus facile; elle peut être enfin beau-
« coup plus puissante, bien que, de sa nature,
« elle ne semble pas devoir entraîner des effets
« aussi nécessaires. »

Enfin celle des idées de M. Dunoyer que nous
approuvons, et qui nous paraît la troisième en
importance, se trouve en tête de sa brochure. La
voici :

« On suppose communément que le Roi, en
« dissolvant la Chambre et en convoquant les
« colléges électoraux, a voulu connaître l'opi-

« nion de la France sur la conduite et les projets
« avoués du parti qui dirige en ce moment nos
« affaires.

« Je suis placé beaucoup trop loin du trône
« pour savoir les motifs de ses déterminations.
« Mais, en supposant qu'en effet le chef du gou-
« vernement a voulu faire un appel à l'opinion
« du pays, est-il au pouvoir du pays de lui ré-
« pondre et de lui faire savoir, par la voie des
« élections, ce qu'on pense en général des doc-
« trines et des pratiques du parti dominant?

« On ne peut pas se dissimuler d'abord que
« notre législation électorale ne rende cela fort
« difficile. Il n'est pas bien sûr que ce soit la
« France qui est consultée. Environ quinze mille
« électeurs sont chargés de répondre pour trente
« millions d'hommes : quinze mille électeurs
« privilégiés nomment cent soixante-douze dé-
« putés sur quatre cent trente, et fournissent
« ainsi, à eux seuls, les deux cinquièmes de la
« réponse.

« A la vérité, ce n'est pas seulement à cette
« poignée d'hommes que la question est adres-
« sée ; elle s'adresse, pour les trois cinquièmes
« des députés à élire, à un corps de soixante à
« quatre-vingt mille électeurs, dont la majorité,

« on s'accorde à le reconnaître, a des idées et
« des intérêts beaucoup plus conformes aux
« idées et aux intérêts légitimes du grand
« nombre.

« Mais le parti qui tient le pouvoir et qui a
« fait la loi a arrangé les choses de si bonne
« sorte, qu'il est, sinon impossible, du moins
« prodigieusement difficile à cette majorité d'être
« maîtresse de ses élections. Premièrement, elle
« se trouve très-modifiée par la présence des
« électeurs privilégiés, lesquels sont admis à
« voter avec le gros des électeurs avant d'aller
« voter dans leurs colléges séparés. Seconde-
« ment, elle a été disséminée dans une multi-
« tude d'arrondissements électoraux, et on a eu
« l'art de la répartir de manière à annuler un
« nombre considérable des voix libérales dont
« elle se compose. Troisièmement, enfin, elle
« ne préside point aux opérations des colléges;
« elle ne nomme ni ses présidents, ni même, en
« réalité, ses scrutateurs, et par conséquent elle
« n'est pas sûre de la régularité des opérations
« des bureaux.

« Ainsi, quand la majorité n'aurait à vaincre
« que les obstacles mis à l'expression de son
« vœu par l'injustice et la partialité des lois, il

« lui serait déjà très-difficile, et on ne peut le
« nier, de répondre à l'appel de Sa Majesté et
« d'éclairer sa sagesse sur la conduite du parti
« qui l'entoure et qui nous domine.

« Mais que serait-ce si des difficultés déjà si
« graves étaient encore aggravées par le parti
« qu'il s'agit de juger? Que serait-ce si, maître
« du pouvoir et chargé de diriger l'opération, ce
« parti la dirigeait de manière à empêcher en-
« tièrement qu'elle ne fût libre? Que serait-ce,
« je ne dis pas s'il entreprenait d'intimider ou
« de corrompre les électeurs, parce qu'enfin les
« électeurs doivent savoir résister aux séduc-
« tions et aux menaces, mais s'il les mettait ma-
« tériellement dans l'impossibilité d'user de
« leurs droits ; s'il écartait les uns par des dé-
« grèvements, s'il rebutait les autres par des
« formalités multipliées à plaisir et qu'il est
« toujours si aisé de rendre insurmontables ;
« s'il trompait ceux-ci sur le jour où doivent se
« faire les élections, s'il fermait la porte à ceux-
« là parce qu'ils n'auraient pas pris leur passe-
« port avec leur carte? Que serait-ce, en un
« mot, si, par une suite d'expédients plus ou
« moins illégaux, il empêchait physiquement
« la majorité d'arriver dans le collége? Serait-

« il possible encore à cette majorité, jouée,
« vexée, éconduite, de répondre à l'appel du
« Roi et de lui faire savoir, par les élec-
« tions, ce qu'elle pense du parti qui nous
« gouverne ?

« On me dira qu'en pareil cas les électeurs
« pourraient dénoncer les fraudes et les vio-
« lences dont ils auraient à se plaindre. Les
« dénoncer ? à qui ? Remarquez bien que le
« parti dont la conduite politique est soumise,
« soi-disant, au jugement du pays, est chargé
« lui-même de diriger la procédure, et que,
« s'il commet des irrégularités pour obtenir
« un jugement favorable, nous n'en pouvons
« demander le redressement qu'à lui. On peut
« sans doute se plaindre du maire au préfet ;
« mais le parti, maître des municipalités, do-
« mine aussi dans les préfectures. On peut
« porter sa plainte au Conseil d'État ; mais
« c'est une position où le parti s'est encore
« assuré la majorité. On pourrait enfin dénon-
« cer à la nouvelle Chambre les pratiques illé-
« gales par lesquelles le parti l'aurait fait
« élire ; mais le moyen de croire que la majorité
« de cette Chambre consentit à se détruire elle-
« même et à se déclarer illégalement élue ? »

« Le parti peut donc commettre les plus
« graves prévarications sans que nous ayons
« aucun moyen d'y mettre obstacle. Je n'exa-
« mine point s'il le fait, ceci est une question à
« part et dont je laisse juge tout le public :
« mais je dis qu'il a les moyens de le faire.
« J'ajoute même que, s'il veut agir frauduleuse-
« ment, son intérêt est de ne pas le faire à
« demi : car en fait d'élections, un moyen as-
« suré de frauder impunément, c'est de frauder
« assez pour obtenir la majorité. Par quelque
« moyen qu'on l'obtienne, en effet, n'est-on pas
« toujours sûr de lui faire trouver bonnes et
« valables les opérations par lesquelles on l'aura
« obtenue?

« Ainsi, il ne faut point s'abuser, quelque
« zèle que déploient les électeurs, il est au
« pouvoir du parti dominant d'échapper au ju-
« gement de la majorité, et de faire que le pays
« ait l'air d'approuver sa conduite, alors même
« qu'il la condamnerait de la manière la plus
« positive et la plus forte. »

Nous trouvons ces trois idées bonnes, très-
bonnes; nous sommes payés pour les trouver
telles, car elles servent véritablement d'intro-
duction à notre catéchisme. Le lecteur attentif

a dû remarquer que nous nous sommes uniquement occupé, dans les deux premiers cahiers de notre catéchisme, d'indiquer à la classe industrielle, qui forme les vingt-quatre vingt-cinquièmes de la nation, l'usage qu'elle devrait faire du droit de pétition ; il aura remarqué que nous donnons à la fin de notre deuxième cahier un projet de placet des industriels au Roi, et que dans ce placet les industriels exposent à Sa Majesté qu'ils sont dans un état de souffrance, parce que la fortune publique est mal administrée, parce que les intérêts généraux sont mal dirigés, et qu'ils supplient le Roi de confier aux industriels les plus importants le soin de faire le projet de budget, attendu que c'est le seul moyen d'assurer la tranquillité et la prospérité publique.

En résumant notre approbation des idées de M. Dunoyer, nous trouvons qu'il a eu grande raison de dire que le droit de pétition au Roi est infiniment plus important pour la nation que son droit de nommer une Chambre de députés, que toutes les lois qui ont pu être faites en sa faveur, que toutes celles qui pourraient être faites, que la Charte qui lui a été octroyée et que toutes celles qui pourraient lui être accordées par la suite.

Nous trouvons en outre que par la clarté, le laconisme et la vigueur avec lesquelles M. Dunoyer a présenté cette vérité, il a rendu un service très-important au Roi ainsi qu'à la nation.

D. *Voyons maintenant quelles sont celles des idées émises dans cette brochure, que vous improuvez.*

R. Ce que nous improuvons, c'est l'usage que M. Dunoyer conseille à la nation de faire du droit de pétition.

D. *Motivez-nous votre improbation.*

R. D'après la manière dont M. Dunoyer conseille à la nation d'user du droit de pétition, il est évident qu'il a conçu les choses de la manière suivante :

Ce publiciste considère la nation comme devant rester passive sous le rapport des combinaisons politiques.

Il envisage le gouvernement comme chargé d'inventer, de découvrir, de concevoir les mesures générales qui peuvent être utiles à la nation, et il réduit la nation au simple rôle de juge, manifestant son improbation, et condamnant les mesures qui ne lui conviennent point.

Or, nous disons et nous allons prouver que cette conception de M. Dunoyer est vicieuse, qu'elle est dangereuse en ce qu'elle tend à donner à la nation des idées très-fausses sur sa position actuelle, et sur les moyens qu'elle doit employer pour terminer la crise dans laquelle elle se trouve engagée.

D'abord la conception de ce publiciste est en opposition avec toutes les connaissances acquises en physiologie générale, en philosophie, en morale, en un mot dans la science de l'homme, et en effet, ce que la science de l'homme dit, c'est que les diverses classes d'hommes qui composent la société ne peuvent inventer et même bien concevoir que les choses qui leur paraissent utiles à leurs intérêts, qu'elles ne peuvent travailler qu'à ce qui leur paraît devoir leur être avantageux.

Or, le pouvoir royal continuant encore de confier la principale direction des affaires publiques à l'ancienne noblesse, à la nouvelle noblesse et à la bourgeoisie, le gouvernement ainsi composé ne peut concevoir que des mesures opposées aux intérêts de la classe industrielle qui est véritablement la nation.

M. Dunoyer a donc tort d'attribuer au gou-

vernement actuel le rôle actif, c'est-à-dire, la
fonction d'inventer les mesures qui peuvent être
utiles à la nation.

Ce publiciste a également tort d'attribuer à la
nation, dans les circonstances actuelles, le rôle
critique ; car la classe industrielle qui forme la
véritable nation se bornant dans ce moment à
exercer une action critique, et exerçant cette
action avec la vigueur que M. Dunoyer lui conseille d'employer, doit nécessairement se trouver
engagée dans de nouvelles révolutions, dans de
nouvelles insurrections, dans des révolutions et
dans des insurrections interminables.

Nous citerons à l'appui de ce que nous venons
de dire ce qui s'est passé depuis 1789.

Depuis 1789, la classe industrielle n'a exercé
qu'une action critique à l'égard de tous les gouvernements qui ont existé. Qu'en est-il résulté ?
c'est que dix gouvernements ont été successivement culbutés, et que le gouvernement actuel
a pour occupation principale d'écraser ou de
contenir les factions qui sont sans cesse re-
naissantes.

Il en est résulté le massacre de Louis XVI
et d'une quantité d'honnêtes gens, le renversement du trône, l'établissement passager d'une

nouvelle dynastie, l'établissement conservé d'une nouvelle noblesse qui est une nouvelle charge pour la classe industrielle.

M. Dunoyer s'est trompé en n'attribuant dans ce moment à la nation, c'est-à-dire à la classe industrielle, qu'un rôle critique.

D. *Expliquez-vous donc plus clairement: vous blâmez M. Dunoyer d'avoir consideré le gouvernement comme ayant l'initiative dans la direction des intérêts nationaux et de n'avoir envisagé la nation que comme juge des actes du gouvernement. Qu'auriez-vous donc désiré qu'il fît? auriez-vous préféré qu'il confie à la nation l'initiative des mesures à prendre, et qu'il réduisît le gouvernement au rôle de juge des mesures prises par la nation?*

R. En thèse générale M. Dunoyer a parfaitement raison; il est certain que ce sont les gouvernements qui doivent inventer ou adopter, c'est-à-dire produire les mesures ayant pour objet le bien public, mais c'est toujours dans la supposition que les gouvernants et les gouvernés ont des intérêts de la même nature, qu'ils ont le même genre d'activité, qu'ils tendent vers le même but, qu'ils sont animés du même esprit;

qu'ils éprouvent des désirs semblables, qu'ils ont la même manière de voir relativement aux moyens généraux à employer pour améliorer leur sort. Or, les circonstances politiques dans lesquelles nous nous trouvons font exception à la règle, parce que les gouvernants se composent presque en totalité d'anciens nobles, de nouveaux nobles et de bourgeois ; parce que les intérêts de ces gouvernants et ceux des gouvernés, qui sont essentiellement industriels, ne sont pas de la même nature ; parce que les gouvernants et les gouvernés n'ont point le même genre d'activité, parce que les gouvernants et les gouvernés ne tendent point vers le même but, parce qu'ils ne sont point animés du même esprit, parce qu'ils éprouvent des désirs très-dissemblables, parce qu'ils ont des manières de voir très-différentes relativement aux moyens à employer pour améliorer leur sort.

Les circonstances politiques dans lesquelles nous nous trouvons sont des circonstances particulières, des circonstances uniques dans la marche de la civilisation ; notre besoin politique principal, dominant, exclusif dans ce moment, est celui d'opérer ou plutôt de terminer la transition qui doit nous faire passer du système gouvernemental au système administratif, du système militaire au système pacifique; or, pour opérer cette transition, il est indispensablement nécessaire que la nation, c'est-à-dire, que la classe industrielle, prenne l'initiative pour demander à Sa Majesté de charger les industriels les plus importants du soin de faire le projet de budget, seule mesure qui puisse atteindre le but de remettre en accord les désirs des gouvernants et ceux des gouvernés.

La royauté française éprouve, dans ce moment et depuis la manifestation des généreuses intentions de Louis XVI, une captivité bien plus complète que la royauté espagnole n'a essuyée pendant quelques jours à Cadix. C'est à la nation française, sans le secours d'aucun étranger, à rendre la liberté à son Roi, qui, dans la réalité, est aujourd'hui prisonnier des anciens nobles, des nouveaux nobles et des bourgeois. Et, pour opérer la délivrance du Roi, la nation française n'a besoin d'user d'aucun moyen violent; il lui suffira de manifester son intention. Il lui suffira de dire au Roi, ainsi que nous l'avons indiqué dans le projet de placet que nous avons présenté dans ce cahier : Sire, la classe industrielle est aujourd'hui dominante par le fait. Si Votre

Majesté use de sa pleine puissance pour la déclarer dominante par le droit, la tranquillité deviendra inébranlable, parce que l'homogénéité se trouvera rétablie entre les gouvernants et les gouvernés.

En nous résumant, nous improuvons M. Dunoyer d'avoir conseillé à la nation, c'est-à-dire à la classe industrielle, de n'user du droit de pétition que pour en faire un usage critique. Si les industriels n'usaient du droit de pétition que d'une manière critique, l'existence politique de l'ancienne noblesse, de la nouvelle noblesse et de la bourgeoisie se prolongerait encore bien longtemps, puisqu'elle ne pourrait s'éteindre qu'après avoir parcouru le cercle entier des mauvaises mesures à prendre, c'est-à-dire des mesures contraires aux intérêts de la classe industrielle qui est aujourd'hui dominante par le fait.

D. *Résumez-nous, en une seule opinion, votre approbation et votre improbation relativement à la brochure de M. Dunoyer; présentez-nous un jugement général qui classe cette production comme vous pensez qu'elle mérite de l'être.*

R. Il y a beaucoup plus de bien que de mal

à dire du travail de M. Dunoyer. Les erreurs qu'il a commises lui seront très-faciles à rectifier; elles sont d'une très-petite importance en comparaison de la force et de la bonté de la conception générale.

M. Dunoyer est décidemment sorti, et en un seul élan, de l'ornière dans laquelle les publicistes se trouvent engagés, depuis bien longtemps. Cet auteur est parvenu à placer, en peu de pages, l'esprit du lecteur au-dessus des considérations sur le régime constitutionnel ou représentatif, au-dessus de toutes les considérations présentées par les écrivains en économie politique; il a affranchi l'intelligence de ses compatriotes des liens métaphysiques qui les empêchaient de voir clairement le but auquel ils devaient tendre, et les moyens qu'ils devaient employer pour atteindre. à ce but. Il a prouvé clairement à la nation, c'est-à-dire à la classe industrielle, que si elle est mal gouvernée, c'est de sa faute, puisqu'elle est la plus forte. Il a fait sentir à cette classe que sa supériorité de force est telle, qu'elle n'a aucunement besoin d'employer les moyens violents, ni les menaces pour faire adopter son opinion par le gouvernement. Il a su apprécier à toute sa valeur l'institution de la royauté, qui procure à la nation française les moyens d'opérer les plus grandes améliorations dans son organisation sociale, sans que ces changements occasionnent aucune secousse.

D. Vous devriez présenter une analyse des ouvrages de tous les publicistes modernes, semblable à celle que vous nous donnez de la brochure de M. Dunoyer; cela mettrait le lecteur en état de juger des rapports qui existent entre votre opinion et celles des autres écrivains. Alors votre système ne figurerait point comme une conception isolée. vous lui donneriez, par ce moyen, de solides appuis, et vous agiriez beaucoup plus fortement sur l'opinion publique.

R. Nous avons fait ce travail pour notre propre compte, car notre système n'est pas autre chose que la réunion de ce que nous avons trouvé de bon dans les ouvrages des publicistes, et la *systématisation* de ces opinions ; mais ce travail est beaucoup trop long pour que nous puissions le produire dans ce moment; si nous le produisions, l'exposé des considérations accessoires dépasserait infiniment la dimension de celui des idées principales. Nous nous bornerons à vous présenter le résumé de ce travail. Ce résumé vous prouvera que les hommes les plus capables préparent, depuis longtemps, l'établissement du système industriel.

Le célèbre Bacon a prédit l'établissement d'un ordre de choses dans lequel tous les raisonnements auraient pour base des faits observés ; ainsi il a prédit l'établissement politique du système industriel, car ce système est le seul dans lequel les intérêts publics soient considérés sous leur rapport positif.

Montesquieu a préparé l'établissement du système industriel en faisant remarquer que le commerce adoucissait les mœurs, et en incitant très-fortement la royauté à prendre le caractère industriel.

Condorcet a indiqué, dans son esquisse d'un tableau historique des progrès de l'esprit humain, la manière dont il fallait s'y prendre pour démontrer que les progrès de la civilisation avaient toujours tendu vers l'établissement du système industriel : il a très-mal exécuté ce plan ; mais son invention n'en a pas moins été un grand acheminement vers l'établissement du système industriel. Son ouvrage, que nous avons refait, et que nous publierons incessamment, en fournira une preuve incontestable.

M. Comte, auteur du *Censeur européen*, a établi, dans le premier article de cet ouvrage, que les peuples de l'antiquité s'étaient organisés pour la guerre, et que c'était la meilleure organisation qu'ils pouvaient se donner dans l'état des lumières et des passions où ils se trouvaient. Il a prouvé ensuite que les peuples actuels devaient s'organiser pour la paix et pour la production, parce que cela correspondait à leurs désirs les plus généraux, et à leurs capacités les plus positives.

M. Benjamin Constant a prouvé que la Chambre des communes en Angleterre, ainsi que la Chambre des députés en France, n'était point investie de pouvoirs suffisants pour faire un bon budget, ou plutôt pour empêcher les ministères d'Angleterre et de France de faire passer dans les Chambres des budgets contraires aux véritables intérêts nationaux.

M. Courier, qui a donné au système représentatif le nom de système *récréatif*, a très-bien démontré, quoiqu'il n'ait employé que des plaisanteries dans sa démonstration, que le système représentatif n'était point proportionné à l'état de nos lumières, et il a très-bien fait sentir qu'il était nécessaire de le fortifier par une grande mesure plus favorable aux industriels.

M. Alexandre de la Borde a très-bien établi, dans son ouvrage ayant pour titre : *Esprit d'association*, que l'esprit des industriels était celui qui devait devenir dominant en politique.

M. Fiévé a fait remarquer avec grande raison qu'il se trouvait de l'argent au fond de toutes les affaires, et que par conséquent les intérêts industriels se trouvaient jouer un rôle prépondérant dans toutes les circonstances politiques.

Enfin M. Dunoyer, dont nous venons d'examiner les idées, a, comme nous l'avons dit, prouvé que la nation devait manifester elle-même son opinion, Or, il est évident qu'à l'instant où elle prendra ce grand parti, qui est le seul bon, elle suppliera le roi d'établir le régime industriel, en chargeant les principaux personnages de la classe essentiellement laborieuse, du soin de faire le projet du budget.

Nous concluons de ce résumé que la conception du système industriel a été formée par Bacon, Montesquieu, Condorcet, Comte, Benjamin Constant, Courier, de la Borde, Fiévé, Dunoyer, et une multitude d'autres auteurs, dont nous n'avons pas cru devoir parler dans ce résumé.

Les écrivains dans la direction rétrogade, tels que MM. de Maistre, Bonald, La Mennais, etc., ont aussi beaucoup contribué à faciliter la production et l'établissement du sytème industriel.

Leurs travaux se partagent en deux parties bien distinctes. Dans la première, ils établissent, d'une manière éloquente et rigoureuse, la nécessité de donner pour base à la réorganisation de l'Europe une conception systématique ; ils font voir très-clairement que les plans politiques, produits jusqu'à ce jour par la Sainte-Alliance, par les gouvernements de France, d'Angleterre, de Russie, de Prusse et d'Autriche, ne sont que des conceptions mesquines, que des vues étroites, et que la conduite collective et individuelle des grandes puissances ne peut aucunement atteindre au grand but du rétablissement de la tranquillité en Europe. Ces écrivains ont démontré également que les opinions des liberaux et de tous les partis politiques qui ont existé jusqu'à ce jour, en opposition avec les plans généraux de la Sainte-Alliance et les plans particuliers des grandes puissances qui la composent, ne remplissent pas non plus la condition systématique essentielle- · ment nécessaire pour l'établissement d'un ordre de choses calme et stable.

Or, la démonstration dont nous venons de parler a poussé directement les esprits vers la production et l'établissement du système indus- triel, puisqu'il est le seul qui puisse convenir à l'état de notre civilisation.

Dans la seconde partie de leurs travaux, ces écrivains ont entrepris de prouver que le seul système qui puisse convenir à l'Europe est celui qui y était mis en pratique avant la réforme de Luther; c'est-à-dire que le moyen de rétablir en Europe la tranquillité consistait à y recons- tituer le pouvoir théologique comme pouvoir suprême, et à réorganiser la féodalité chez toutes les nations qui composent la société européenne.

Cette seconde partie de leurs travaux qui est essentiellement vicieuse, n'a que de très-faibles inconvénients, parce qu'elle ne peut leur procu- rer qu'un bien petit nombre de partisans, puis- qu'elle choque le sens commun.

En effet, le sens commun répugne directement à l'idée de rétrogadation en civilisation, et, pour peu que le sens commun raisonne, il reconnaît que le véritable objet politique du pouvoir papal, comme pouvoir général et prépondérant, consistait à lier ensemble les nations européennes, pour s'opposer à l'envahissement général de leur territoire par les peuples asiatiques ; ainsi que cela avait eu lieu du temps des Sarrasins, et que l'établissement de la féodalité avait pour but de s'opposer aux guerres intestines. Le sens commun reconnaît que l'institution de la papauté et de la féodalité ne peuvent point satisfaire aujourd'hui les besoins de la société européenne, puisque sa supériorité militaire sur les peuples asiatiques est complétement établie, puisque la passion des combats est tout à fait éteinte chez elle, puisque sa passion dominante est aujourd'hui celle de prospérer par des travaux de production, et que, par conséquent, ses besoins politiques ne peuvent être satisfaits qu'au moyen de l'établissement du système industriel.

Nous avons divisé en deux parties le travail dont nous vous présentons dans ce moment le résumé.

D'une part, nous avons considéré les travaux théoriques, c'est-à-dire, les travaux des publicistes, et nous avons apprécié, de la manière que nous venons de dire, leur importance relativement à l'établissement du système industriel.

D'une autre part, nous avons examiné l'influence exercée par les praticiens, c'est-à-dire par les ministres, en faveur de l'admission du système politique le plus convenable pour acsurer la tranquillité du Roi et la prospérité de la nation.

Le grand Sully, contemporain du chancelier Bacon, le grand Sully, ce digne ami du meilleur de nos Rois, de ce brave et bon Henri IV qui demandait franchement des conseils aux négociants de Rouen, relativement à la manière dont il devait administrer la fortune publique, est le seul premier ministre qui ait dirigé franchement la nation vers l'établissement du régime industriel.

Ce confident honorable du véritable père du peuple, de ce Roi qui avait son pourpoint percé au coude, de ce Roi que ses descendants auraient mieux fait d'imiter exactement que de tant vanter ; ce ministre qui, au lieu d'épuiser le trésor royal pour ses dépenses personnelles, y versait cent mille écus du produit de la vente de ses bois, vivait à une époque où les nobles tenaient encore l'épée d'une main et la charrue de l'autre; ce fut lui qui conçut l'établissement d'une paix perpétuelle, projet dont on a fait depuis honneur à l'abbé de Saint-Pierre, projet impraticable sûrement tant que la classe essentiellement pacifique, qui est la classe industrielle, ne sera pas la classe prédominante, mais qui tendait évidemment et directement à placer les industriels au premier rang social.

Colbert a suivi les traces de Sully; il a fait prendre un grand essor à toutes les branches de l'industrie; il a considérablement accru l'importance des industriels; il a, par conséquent, diminué celle des nobles, et, par ce moyen, il a facilité l'établissement du système industriel.

Turgot, Malesherbes et Necker ont avancé dans la direction donnée par le grand Sully.

Depuis la Restauration, de grands pas ont été faits, par Decaze qui a élevé l'impôt des patentes au rang des impôts directs; enfin, par M. de Villèle, qui vient de créer un conseil suprême de commerce, ce qui est clairement un hommage général rendu à la classe industrielle, dont quelques membres vont commencer à faire partie du gouvernement.

En nous résumant, nous disons: depuis trois cents ans, les hommes les plus capables et les mieux intentionnés, en politique pratique comme en politique théorique, ont préparé l'établissement du système industriel, et tout est mûr pour cet établissement. Le jour où les industriels manifesteront clairement et unanimement au Roi le désir de voir Sa Majesté former une commission composée des principaux industriels et chargée du soin de faire le projet de budget, leur demande sera nécessairement accueillie favorablement.

DEUXIÈME APPENDICE

SUR LE LIBÉRALISME ET SUR L'INDUSTRIALISME

Nous invitons tous les industriels qui sont zélés pour le bien public et qui connaissent les rapports existants entre les intérêts généraux de la société et ceux de l'industrie, à ne pas souffrir plus longtemps qu'on les désigne par le nom de *libéraux*, nous les invitons d'arborer un nouveau drapeau et d'inscrire sur leur bannière la devise : *Industrialisme*.

Nous adressons la même invitation à toutes les personnes, de quelque état et profession qu'elles soient, si elles sont profondément convaincues, comme nous, que le seul moyen d'établir un ordre de choses calme et stable consiste à charger de la haute administration de la fortune publique ceux qui versent le plus d'argent dans le trésor public et qui en retirent le moins; nous les invitons à se déclarer des *industrialistes*.

C'est principalement aux véritables royalistes que nous adressons cette invitation, c'est-à-dire nous l'adressons spécialement à ceux qui désirent donner la prospérité nationale pour base à la tranquillité et au bonheur de la maison de Bourbon.

D. *Quel bien croyez-vous donc qui puisse résulter de ce changement de nom ? Quel avantage trouvez-vous à la substitution du mot in*dustrialisme *à celui de* libéralisme *? Quels sont donc les inconvénients attachés au mot libéralisme, pour que vous regardiez comme une chose si importante de le faire abandonner.*

R. Vous nous adressez trop de questions à la fois ; quelle est celle à laquelle vous désirez que nous répondions d'abord ?

D. *Dites-nous quels sont les inconvénients attachés au mot* libéralisme ; *quel bien il peut résulter de son abandon par le parti qui désire perfectionner l'organisation sociale en n'employant, pour atteindre à ce but, que des moyens loyaux, légaux et pacifiques.*

R. La désignation de *libéralisme* nous paraît avoir trois grands inconvéniens pour les hommes bien intentionnés qui marchent sous cette bannière.

D. *Quel est le premier de ces inconvénients?*

R. Le mot *libéralisme* désigne un ordre de sentiments ; il n'indique point une classe d'intérêts ; d'où il résulte que cette désignation est vague, et que par conséquent elle est vicieuse.

D. *Quel est le second de ces inconvénients?*

R. La plus grande partie de ceux qui se laissent désigner par le nom de *libéraux* se compose d'hommes pacifiques, d'hommes qui sont animés du désir de terminer la révolution, en établissant, par des moyens loyaux, légaux et pacifiques un ordre de choses calme et stable ; un ordre de choses proportionné à l'état des lumières et de la civilisation. Mais les meneurs de ce parti sont des hommes qui ont conservé le caractère critique, c'est-à-dire, révolutionnaire du dix-huitième siècle. Tous les hommes qui ont joué un rôle dans la révolution, d'abord comme *patriotes*, ensuite comme *bonapartistes*, disent aujourd'hui qu'ils sont *libéraux* ; ainsi le parti réputé *libéral* se compose aujourd'hui de deux classes d'hommes dont les opinions sont différentes et même opposées. Les fondateurs de ce parti sont des hommes dont la direction principale consiste à renverser tous les gouvernements qu'on pourrait établir pour se mettre à leur place ; tandis que la très-grande majorité de ce même parti voudrait donner la plus grande stabilité et la plus grande force possible au gouvernement, pourvu qu'il prenne franchement la direction que réclament les intérêts nationaux.

La désignation de *libéralisme* ayant été choisie, adoptée et proclamée par les débris du parti *patriote* et du parti *bonapartiste,* cette désignation a de très-grands inconvéniens pour les hommes dont la tendance essentielle est celle de constituer un ordre de choses solide par des moyens pacifiques.

Nous ne prétendons pas dire que les patriotes et les bonapartistes n'aient pas rendu des services à la société ; leur énergie a été utile, car il a fallu démolir avant de pouvoir construire. Mais aujourd'hui l'esprit révolutionnaire qui les a animés est directement contraire au bien public ; aujourd'hui une désignation qui n'indique point un esprit absolument contraire à l'esprit révolutionnaire ne peut pas convenir aux hommes éclairés et bien intentionnés.

D. *Quel est le troisième inconvénient attaché à la dénomination de* libéralisme?

R. Le parti qui s'est appelé *libéral* a été battu

non-seulement en France, mais à Naples, mais
en Espagne, mais en Angleterre ; les membres
de l'extrême gauche en France ne font pas plus
belle figure que MM. Brougham et Robert Wil-
son en Angleterre. Les défaites multipliées des
libéraux ont prouvé que les nations. de même
que les gouvernements, ne voulaient point adopter leurs opinions politiques : or. quand il a
été démontré à des gens sensés qu'ils ont suivi
une mauvaise route et choisi de mauvais guides.
ils s'empressent de changer de direction.

Nous concluons des trois raisons que nous
venons de vous donner, que les hommes pacifiques et dont l'opinion a pour tendance de
constituer un ordre de choses calme et stable.
doivent se hâter de proclamer qu'ils ne veulent plus être désignés par le nom de *libéraux*,
et qu'ils doivent inscrire une nouvelle devise
sur leur bannière.

D. *Ce que vous dites n'a-t-il pas déjà été fait?
M. Ternaux n'a-t-il pas remédié à l'inconvénient dont vous parlez, en publiant sa profession de foi ?*

R. Il existe en France trois dénominations
de partis politiques: on appelle *ultra*, ceux qui
veulent faire rétrograder la civilisation, en réta-

blissant l'influence politique des nobles et des prêtres, telle qu'elle était avant la révolution.

On appelle *ministériels*, ceux qui secondent les intentions des ministres, soit que leur conduite ait pour motif l'appât d'une récompense, ou la crainte de rentrer en révolution, ou les deux motifs à la fois.

On désigne par le nom de *libéraux*, ceux qui veulent forcer le gouvernement à changer de marche, soit qu'ils aient l'intention de culbuter le gouvernement pour se mettre à sa place, ou qu'ils aient la volonté prononcée de n'employer que des moyens loyaux, légaux et pacifiques pour atteindre à leur but.

Nous disons, et c'est le but de ce second appendice : 1° que le moment où les deux classes qui composent le parti appelé *libéral* doivent se séparer, est arrivé ; 2° que les *libéraux* ayant la volonté de n'employer que des moyens pacifiques pour déterminer le ministère a marcher franchement dans la direction des intérêts nationaux, n'ont qu'un seul moyen de faire bande à part avec ceux qui ont conservé dans toute sa pureté la direction de *tire-toi de là que je m'y mette,* et que ce moyen consiste à adopter une nouvelle dénomination pour désigner ce parti.

Nous allons faire voir maintenant que la profession de foi de M. Ternaux n'atteint point au but d'établir la division entre les deux classes de libéraux, qui est évidemment celui qu'il s'est proposé. Nous critiquerons cette pièce avec d'autant plus de confiance et d'abandon, que nous sommes liés d'amitié avec son auteur, et que nous partageons toutes ses opinions et ses intentions politiques. Cet examen nous paraissant de la plus grande importance, nous croyons devoir mettre la pièce sous les yeux du lecteur, afin qu'il puisse la lire immédiatement avant de prendre connaissance de nos observations.

PROFESSION DE FOI POLITIQUE DE M. TERNAUX

« Dans les temps ordinaires, il est du devoir
« de tout citoyen qui se respecte de mépriser
« la calomnie et le calomniateur ; mais il est
« des moments où il est essentiel de ne pas
« laisser l'opinion publique prendre la fausse
« direction que certains folliculaires cherchent
« à lui donner en employant, pour parvenir
« à ce but, des dénominations qui, dans le
« principe et dans leur sens naturel, ne pré-

« sentent rien que de respectable; mais qui,
« dénaturés par l'esprit de parti, offrent des
« idées diamétralement opposées. C'est ce qui
« est arrivé au mot *patriote*, c'est ce que l'on
« provoque aujourd'hui sur celui de *libéral*.

« Sans doute je m'honore de cette qualifica-
« tion; mais pour prévenir toute équivoque à
« cet égard, je déclare que je n'accepte et ne
« veux conserver le titre de *libéral* que lors-
« que ce mot est pris dans son acception
« véritable. Pour moi, qui dit *libéral* dit un
« homme généreux dans ses sentiments comme
« dans ses actions; un homme qui ne veut
« pour les autres que ce qu'il désirerait pour
« lui-même, qui craint Dieu et obéit aux lois.

« Oui, je suis *libéral* en ce sens, que je
« veux la tolérance pour tous les cultes, et le
« maintien de la religion chrétienne telle
« que l'établit l'Évangile; que j'en respecte et
« chéris les ministres, lorsqu'ils ne s'occupent
« que du spirituel, que je les repousse lors-
« qu'ils veulent usurper le pouvoir temporel.

« Je suis *libéral* en ce sens que je veux
« la monarchie constitutionnelle, c'est-à-dire, le
« trône héréditaire de mâle en mâle dans l'au-
« guste famille des Bourbons, parce que je

« reconnais que de cette stabilité dépendent
« notre repos et le maintien de nos libertés.

« Je respecte et j'aime les royalistes qui,
« comme nous, veulent la royauté pour l'utilité
« et la nécessité dont elle est à l'ordre social ;
« qui, comme moi, s'en montrent les fidèles
« appuis, en cherchant à faire respecter notre
« pacte fondamental et les lois qui en dérivent.

« Je méprise et déteste les royalistes qui veu-
« lent la royauté pour les places, les emplois,
« les dignités, les faveurs qu'elle distribue.

« Je suis *libéral* à ce titre, que je veux la
« Charte constitutionnelle telle que le Roi l'a
« proclamée, telle qu'il l'a jurée, telle qu'il l'a
« confiée à notre fidélité, à notre courage, sans
« changement ni altération quelconque.

« Je respecte et j'aime tous ceux qui, comme
« moi, en veulent l'exécution dans son esprit
« comme dans son texte, sans prétendre à plus
« de liberté et sans en vouloir moins qu'elle n'en
« donne, parce que je suis convaincu qu'avec
« Elle et par-Elle notre pays peut atteindre à
« tous les genres de prospérité et à la somme
« de bonheur dont il est susceptible.

« J'aime ceux qui l'expliquent sincèrement,
« naïvement, avec candeur et bonne foi, telle

« qu'un honnête homme veut et doit l'entendre
« dans la sincérité de son âme et la pureté de
« son cœur.

« Je méprise et je déteste tous ceux qui, par
« des subtilités, des interprétations fausses ou
« forcées, cherchent à en détruire l'esprit, à en
« violer le texte, à torturer les consciences, à
« compromettre l'administration et l'autorité par
« des abus de pouvoir ; à confondre l'autorité
« du Roi, déclaré inviolable comme impeccable,
« avec celle des ministres agents responsables ;
« tous ceux qui dans quelque situation, dans
« quelque rang qu'ils puissent se trouver, même
« opposés, ne craignent pas de compromettre
« la tranquillité, le bonheur de leur patrie, l'or-
« dre social tout entier, en cherchant à renverser
« la royauté et la Charte pour obtenir le pou-
« voir ou des richesse, supplanter des rivaux ;
« tous ceux qui professent pour l'une et l'autre
« un respect hypocrite que leurs principes et
« leurs actions démentent : tous ceux enfin qui
« rêvent ou la république ou une autre dynastie,
« ou la résurrection des priviléges que la Charte
« leur a sagement refusés comme contraires à
« l'intérêt de tous.

» En un mot, je suis libéral en ce sens, que

« je voudrais forcer les ministres à gouverner
« dans l'intérêt national, et d'après les désirs du
« Roi, qui ne peuvent être que ceux de son peu-
« ple, et non dans celui d'une faction ou d'un
« parti.

« Comme il importe, dans les dissensions ci-
« viles, que les bons citoyens sachent se rallier,
« que la patrie et le trône connaissent leurs vrais
« amis, et que MM. les électeurs ne puissent
« avoir des doutes sur les principes de celui
« qu'ils veulent honorer de leurs suffrages, je
« vous prie de donner à ma lettre la publicité
« que vous croirez utile et convenable.

« Veuillez agréer, Monsieur, ma reconnais-
« sance et les sentiments distingués avec les-
« quels j'ai l'honneur d'être,

« Votre très-humble et très-obéissant serviteur,

« Signé G.-L. TERNAUX, l'aîné. »

Voici nos observations sur cette profession
de foi :

1° M. Ternaux accepte la dénomination de
libéral, et il a tort ; d'abord parce qu'elle est
vague, ensuite parce que la conduite d'hommes
qui se disent libéraux et qui sont désignés sous

ce nom par les *ultra* et par les *ministériels*, l'ont décriée ;

2° La profession de foi de M. Ternaux a le même défaut que le mot *libéralisme;* elle ne produit qu'une opinion vague, elle parle de sentiments, elle ne désigne point des intérêts ;

3° Pour la formation d'un parti politique, plusieurs conditions doivent être remplies : il lui faut d'abord une *devise :* cette devise doit être la plus courte possible, on doit la réduire à un seul mot. Il lui faut ensuite un ouvrage qui développe l'opinion du parti, il lui faut enfin un journal quotidien qui fasse, à toutes les circonstances politiques qui se présentent, application des principes adoptés par le parti. Le développement de l'opinion du parti *libéral* a été fait par des gens de beaucoup d'esprit, dans la *Minerve;* les applications des principes de ce parti sont faites journellement par le *Constitutionnel*, et la profession de foi de M. Ternaux ne peut pas remédier au mal fait par la *Minerve* et par le *Constitutionnel*, qui ont constamment fait leurs efforts pour fixer l'attention des Français sur une époque à laquelle ils se trouvaient dans une fausse direction politique, ainsi que M. Benjamin Constant l'a très-bien prouvé dans son excellent ouvrage sur l'*Esprit des conquêtes.*

En un mot, la profession de foi de M. Ternaux ne peut point contribuer à la fondation du parti politique qu'il désirait former ; car cette profession de foi a trop d'étendue pour être employée comme *devise,* et n'en a point assez pour donner un caractère suffisamment développé à son opinion.

Nous nous bornerons, pour le moment, à indiquer deux autres observations que nous développerons plus tard dans le cours de nos travaux.

Nous pensons, comme M. Ternaux, que la Charte doit être respectée et suivie très-exactement. Mais nous lui ferons observer qu'il est aujourd'hui prouvé par l'expérience que cette mesure n'était pas suffisante pour terminer la révolution, puisque l'esprit de faction continue d'être en grande activité, quoique la Charte nous ait été donnée depuis plusieurs années, et nous concluons de ce fait incontestable que les bons citoyens doivent chercher à découvrir quelle serait la mesure politique qui pourrait rétablir le calme et la confiance dans le gouvernement.

Nous pensons, comme M. Ternaux, que la

religion chrétienne est le meilleur code de morale qui existe; mais nous croyons que ce code a besoin d'être complété. Il a été donné aux hommes à une époque où l'esclavage était encore généralement établi, d'où il résultait que le pouvoir temporel ne pouvait point être soumis à des principes de morale fixes et positifs. Mais aujourd'hui que l'esclavage est complétement anéanti en France, aujourd'hui que la classe industrielle est devenue dominante, il est possible et même facile de compléter les travaux des évangélistes, et c'est le seul moyen de mettre un frein aux prétentions politiques du clergé.

Enfin, M. Ternaux étant manufacturier, sa profession de foi a le plus grand inconvénient sous ce rapport, qu'elle n'est point populaire; c'est-à-dire, qu'elle ne peut point être comprise par les ouvriers.

La tranquillité publique ne sera point solidement établie tant qu'on ne donnera pas pour base à la société une morale positive ; les chefs des travaux industriels sont les protecteurs-nés de la classe ouvrière: tant que les manufacturiers feront bande à part avec les ouvriers, tant qu'ils ne tiendront pas en politique un langage qui pourra être entendu par eux, l'opinion de cette classe très-nombreuse et encore très-ignorante, ne se trouvant point guidée par ses chefs naturels, elle pourra toujours se laisser séduire par les intrigants qui voudront faire des révolutions pour s'emparer du pouvoir.

Si les ouvriers brisent les métiers en Angleterre, c'est parce que les manufacturiers comptent sur la force armée pour les contenir, et qu'ils ne s'occupent point assez de donner pour frein à leurs passions violentes la connaissance de leurs véritables intérêts ; c'est par suite de l'ignorance dans laquelle ils les laissent, relativement à leurs intérêts politiques et privés, que les radicaux ont trouvé le moyen de les faire entrer en insurrection, et qu'on a été obligé de les massacrer à Manchester.

La France, ainsi que nous l'avons dit dans ce cahier, est destinée à entrer franchement dans le régime industriel avant l'Angleterre, parce que les chefs des travaux industriels feront corps, en opinion politique, avec les ouvriers, avant que les industriels importants en Angleterre aient cessé de former avec les lords une ligue tendant à retenir les ouvriers dans la subordination, plutôt par la force que par les principes d'une morale positive.

D. *Les observations que vous venez de nous présenter nous font sentir toute l'importance du projet d'association entre les publicistes et les chefs de travaux industriels. En y réfléchissant, nous reconnaissons que la combinaison des forces des théoriciens avec celles des praticiens, en politique, est nécssaire pour déterminer le grand mouvement moral qui doit conduire la société à un état de tranquillité inébranlable.*

Certainement les industriels les plus importants sont les hommes les plus capables de bien administrer la fortune publique; mais il est également vrai de dire que les publicistes sont les seuls qui puissent, par leurs travaux, déterminer le Roi et la nation à leur confier la direction des intérêts pécuniaires de la société.

Et nous concluons de ce que nous venons de dire, que vous devez faire tous vos efforts pour déterminer la formation de cette association.

R. Nous désirons d'autant plus vivement la prompte formation de cette association, qu'une circonstance, qui nous est personnelle, nous rend à cet égard le temps extrêmement précieux.

Nous sommes vieux, toute notre vie a été employée à former la combinaison du système que nous présentons aujourd'hui. Cette association nous procurerait les collaborateurs dont nous avons besoin pour développer notre système avec rapidité ; et le développement de ce système étant dirigé par l'inventeur, serait poussé dans les esprits avec une vigueur qui ne peut exister que dans l'individu inventeur ; vigueur, comme nous le disons, qui ne peut point être transmise par lui à ses élèves.

Vous voyez que nous avons les plus fortes raisons pour désirer la plus prompte admission possible de l'association des capacités industrielles et scientifiques : mais nous ne nous connaissons aucun autre moyen de la déterminer, que celui de publier à cet égard nos idées, en évitant, avec le plus grand soin, que les factieux puissent les employer à troubler l'ordre public, et à causer aucune inquiétude au Roi et à la Famille royale.

D. *Continuez à produire votre système ; rendez vos publications le plus fréquentes que vous pourrez : l'association, que nous désirons ainsi que vous, se formera peut-être plus tôt que vous ne pensez.*

Revenons maintenant à la question qui nous occupe dans ce second appendice. Vous nous avez prouvé que la dénomination de libéral *ne pouvait point convenir aux personnes qui sont décidées à n'employer que des moyens loyaux, légaux et pacifiques, pour déterminer le gouvernement à marcher franchement dans la direction des intérêts de la majorité de la nation, c'est-à-dire, dans la direction des intérêts de la classe industrielle; vous avez maintenant à nous dire quelle est la dénomination que ces hommes doivent adopter pour former un parti politique qui soit bien distinct de tous ceux qui ont existé depuis 1789 jusqu'à ce jour.*

R. La dénomination d'*industrialisme* pour l'opinion de ce nouveau parti politique, et celle d'*industrialiste* pour les personnes qui s'attacheront à ce parti, nous paraissent les meilleures.

D. *Quels sont les avantages de ces dénominations?*

R. Trois avantages très-grands et bien distincts nous paraissent attachés à la dénomination d'*industrialisme.*

D. *Quel est le premier de ces avantages?*

R. La dénomination d'*industrialisme* fixe l'attention sur des intérêts, et elle est par conséquent très-préférable à celle de *libéralisme*, ou à toute désignation qui n'indique que des sentiments ; car les intérêts sont beaucoup moins variables que les sentiments.

Par exemple, aujourd'hui un homme né noble ne peut être vraiment *libéral*, que dans le cas où il travaille franchement à faire abolir tous les avantages dont la noblesse jouit encore sous le rapport de la considération, du pouvoir, ou de la facilité à obtenir des places : or, l'expérience nous a prouvé qu'un très-petit nombre de nobles avait la ténacité suffisante pour réusir dans une pareille entreprise. L'expérience nous a prouvé, qu'il était en général très-facile au ministère de faire passer les nobles réputés *libéraux*, dans la direction ministérielle ; la vérité est que le nombre des nobles reputés *libéraux* est très-grand, et que celui des nobles vraiment *libéraux* est extrémement petit. Dans la nouvelle noblesse tout entière il ne peut pas s'en trouver un seul ; car il est évident que tout homme qui a consenti à laisser créer un privilége politique en faveur de sa personne et de ses descendants est un *antilibéral*.

D. *Quel est le second avantage attaché à la dénomination* d'industrialiste ?

R. La classe industrielle est la plus nombreuse : ainsi toute personne qui se déclare *industrialiste* fait, en un seul mot, la profession de foi qu'il est dans l'intention de soutenir les intérêts de la majorité de la nation contre tous les intérêts particuliers.

D. *Dites-nous enfin qu'elle est votre troisième raison pour engager les personnes qui ne veulent employer que des moyens loyaux, légaux et pacifiques, à quitter la dénomination de* libéraux, *pour prendre celle* d'industrialistes ?

R. Nous avons établi dans ce cahier :

D'abord, que les premiers hommes ayant été très-ignorants, et soumis à des passions violentes, la loi du plus fort avait dû servir de base aux premières organisations sociales, et que les nations avaient dû vivre sous le régime militaire pur, et enfin féodal, pendant bien des siècles ; les pouvoirs arbitraires cencentrés dans un petit nombre de mains, étant un mal beaucoup moins grand que l'anarchie.

Nous avons établi ensuite, que l'espèce humaine avait été destinée à s'éclairer, à s'adoucir

par le commerce, à prendre le goût du travail
et de la production, et à donner alors pour base
à son organisation l'intérêt commun.   .

Enfin nous avons fait sentir que la transition
du premier au second système politique avait
dû occasionner une crise longue et violente.

Nous ajoutons maintenant à ces idées que la
crise de transition a été commencée par les prédications de Luther, et que notre catéchisme des
industriels a pour objet direct de la terminer.

J'ajoute que depuis Luther jusqu'à ce jour.
la direction des esprits a dû être essentiellement
critique et révolutionnaire, parce qu'il s'agissait
de renverser le gouvernement féodal avant de
pouvoir travailler à l'établissement de l'organisation sociale industrielle ; mais qu'aujourd'hui, la
classe industrielle étant devenue la plus forte,
l'esprit critique et révolutionnaire doit s'éteindre
et être remplacé par la tendance pacifique et or-
ganisatrice.

C'est pour signaler la formation du parti pacifique et organisateur que nous invitons les personnes qui désirent constituer un ordre de choses
calme et stable à prendre la dénomination d'*industrialistes*, parce que cette dénomination indique en même temps le but et le moyen : le but,

celui de donner pour base à l'organisation sociale l'intérêt de la majorité ; le moyen, en confiant aux industriels les plus importants l'administration de la fortune publique.

D. *Nous regrettons beaucoup que la dénomination de* patriote *ait été dégradée et complétement avilie par le* sans-culotisme ; *car cette dénomination indiquait un intérêt commun à tous les membres de la nation : l'intérêt national ; et, par ce moyen, ce n'était pas seulement une classe de la société, mais c'étaient toutes les classes qui étaient indistinctement appelées à former ce parti.*

R. La dénomination de *patriotisme*, même dans le cas où elle n'aurait pas été salie par le *sans-culotisme*, ne vaudrait pas celle d'*industrialisme*. Voilà notre opinion, nous allons la motiver.

Analysons d'abord l'idée de *patriotisme*, nous trouverons ce qui suit : Un *patriote* est un homme dont tous les sentiments sont dominés par son affection pour la société nationale dont il est membre ; c'est un homme toujours prêt à sacrifier toute sa fortune et tout son crédit aux intérêts de sa nation. Brutus immolant son fils, et sacrifiant ainsi son sentiment paternel à son affection pour les Romains, a été un vrai modèle de *patriotisme*.

Nous vous prions maintenant de nous dire si, dans l'état présent des lumières et de la civilisation, les hommes peuvent être, s'ils doivent être *patriotes?*

Nous sommes convaincus qu'après y avoir réfléchi, vous reconnaîtrez que les sentiments philanthropiques, que ceux d'*européanisme*, que les sentiments de famille enfin dominent aujourd'hui, chez tous les Européens, les sentiments nationaux qu'ils éprouvent. Vous reconnaîtrez que ce que nous venons de dire est vrai, même pour les Anglais.

Le meilleur code de morale sentimentale que nous possédions est celui de la morale chrétienne. Or, dans ce code, il est beaucoup parlé des devoirs réciproques des membres d'une même famille; ce code prescrit à tous les hommes de se regarder comme frères, mais il ne pousse point les hommes à subalterniser leurs sentiments philanthropiques et leurs affections de famille au *patriotisme*.

D. *L'examen dont nous nous occupons dans ce moment élève notre esprit à une considé-*

ration très-générale et très-importante. La voici:

« Le code de la morale chrétienne a lié tous les hommes par leurs sentiments, mais il n'a point traité la question des intérêts; il s'agit maintenant, pour hâter les progrès de la civilisation, de faire sentir à tous les hommes qu'ils ont des intérêts communs, de leur faire sentir par exemple qu'il résulte un grand bien pour toute l'espèce humaine des progrès de l'industrie et de l'importance politique acquise par la classe industrielle, sur quelque point du globe que ces événements se passent. »

En conséquence de ce que nous venons de vous dire, nous reconnaissons que la dénomination d'industrialisme pour le parti des hommes éclairés et bien intentionnés, vaut mieux qu'aucune de celles qui ont été adoptées jusqu'à ce jour, parce qu'elle ne tend point à troubler la coordination naturelle des sentiments et des intérêts des hommes à l'égard de l'espèce entière, à l'égard des cohabitants de la même partie du monde, à l'égard de leurs compatriotes nationaux et à l'égard de leurs parents et amis.

En résumé, nous adoptons la dénomination

d'industrialisme *et nous nous déclarerons des* industrialistes.

R. La classe industrielle jouira de deux avantages très-importants, quand elle sera formée en parti politique, et qu'elle aura donné à son parti la dénomination d'*industrialisme*.

Par ce moyen elle se trouvera d'accord, jusqu'à un certain point, avec les trois partis existants. Les dernières feuilles de la *Quotidienne*, du *Journal des Débats* et du *Constitutionnel*, parlent de l'utilité des travaux industriels avec une chaleur presque égale, et il n'existera que cette légère différence entre les écrits des *industrialistes* et ceux des *ultra*, des *ministériels* et des *libéraux*, c'est que les *industrialistes* diront que les industriels les plus importants sont les hommes les plus capables de bien diriger les affaires générales de l'industrie ; tandis que les *libéraux*, les *ministériels* et les *ultra* continueront à prétendre, chacun de son côté, que ce sont eux qui doivent diriger les opérations générales de l'industrie, et qu'ils doivent être payés très-chèrement pour les soins qu'ils donneront à leur travail.

L'autre avantage qui résultera pour les industriels français de leur formation en parti politique, avec dénomination d'*industrialistes*, c'est qu'ils se feront des partisans au dehors, c'est qu'ils créeront sur le Continent et même en Angleterre, une force politique imposante et qui s'emploiera nécessairement à les soutenir ; car tous les industriels du globe désirent nécessairement cesser le plus promptement possible de voir le produit de leurs travaux devenir plus ou moins, chez toutes les nations, la proie des consommateurs non producteurs.

FIN DU DEUXIÈME CAHIER

Paris. — Impr. Paul Dupont, 41, rue Jean-Jacques-Rousseau.